바울 복음의 해석

A.M. Hunter
조갑진 역

크리스챤서적

Originally Published by SCM Press Ltd as *Paul's Gospel* by A.M. Hunter

Korean translation copyright ⓒ 2001 by Christian Publishing

Korean translation rights arranged with SCM Press Ltd,

저작권법에 의하여 본서의 전부 혹은 일부의 무단복재와 무단전재를 금합니다.

Paul's Gospel

A.M. Hunter

저자 서문

　제1부와 제2부로 구성된 본서의 제2부는 제가 1954년 3월 첫째 주, 버지니아, 리치몬드에 있는 유니온 신학교에서 강의한 7회의 제임스 스프런트(James Sprunt) 강의 중 5회 분을 포함한 것입니다. 리치몬드에 초대를 받는 영예를 제게 주신 강의 관련 관계자들께 감사를 드립니다. 또한 그곳에서 머문 짧은 기간 동안 제게 분에 넘치는 친절을 베풀어 주신 유니온 신학교의 레이시(Lacy) 총장님과 신학부 동료 교수들께 깊은 감사를 드립니다.

　강의안을 가지고 책을 만들기 위해, 제1부에서는 바울 신학의 짧은 스케치(나의 처음 두 개의 스프런트 강의안을 형성했으나, 많이 단축시킨 바울 신학의 요지)를 기록했습니다. 이것은, 제2부의 기초를 제공하는 것 외에, 신학도들에게는 얼마의 도움이 될 것입니다.

　바울 신학의 자물쇠를 열기 위해, 저는 4반세기 전 앤더슨 스코트(Anderson Scott)가 매우 성공적으로 그의 저서「사도 바울에 의한 기독교」— 우리가 가진 바울 신학에 관한 책 중 여러 면에서 여전히 가장 뛰어난 — 에서 사용한 열쇠("구원"이라는 단어)를 부끄러움 없이 빌려 왔습니다.

　제2부에서는 1부에서 상세히 설명된 복음이 지금 20세기 중반에도 여전히 관계가 있음을 보여 주려고 노력했습니다.

　인용한 신약 성경 구절의 번역은 일반적으로 1946년, 1952년 에딘버러에 있는 토마스 넬슨 앤 썬즈 출판사(Thomas Nelson & Sons

Ltd)의 허가로 판권을 얻었고, 미국에서는 교회 협의회의 기독교 교육 분과의 허락을 얻은 ARSV(미국 개정 표준 번역) 역본입니다. 제2부 5장 재판을 허락해 주신 인터프리테이션(Interpreation) 잡지의 편집자들께 감사를 드립니다.

애버딘 대학의 두 명의 동료들께 감사를 드립니다. 한 분은 원고를 읽어준 데이빗 케언즈(David Cairns) 교수이고, 또 한 분은 교정을 도와준 존 그레이(John Gray) 박사입니다.

에버딘 대학교 킹즈 대학(King's College)에서
1954년 5월
A. M. 헌터

역자 서문

　역자가 영국에서 학위를 마치고 필요한 책을 수집하려고 웨일즈의 한 고서적만을 전문으로 파는 마을을 방문했을 때였습니다. 여러 책방들을 살피면서 책을 고르던 중에 우연히 내 눈에 들어온 책이 바로 이 책이었습니다. 그 이유는 바울이라는 단어와 복음이라는 단어 때문이었을 뿐만 아니라, 그 두 단어 위에 조그맣게 써 있는 해석이라는 단어 때문이었습니다. 게다가 저자가 헌터 박사라는 점이었습니다. 이것들은 바울을 전공한 나의 관심을 끌만한 것이었습니다. 귀국하여 대학에서 바울 서신을 강의하던 중에 이 책을 번역하여 출판하기로 하고 출판사와 협의를 하였습니다.

　헌터 교수가 쓴 「바울 복음의 해석」이란 책을 번역하는 작업이 저에게 주는 의미는 세 가지가 있습니다. 첫째는 이 책이 역자가 태어난 시대와 거의 동 시대에 출판된 책이라는 점이고, 둘째는 바울을 전공한 학자로서 복음주의 신학자 헌터 교수의 바울 복음 해석서를 내놓게 되었다는 것이며, 마지막으로 이 책이 역자에게는 한국에서 내놓는 첫번째 책이라는 점에서 하나님 아버지께 먼저 감사와 영광을 돌리지 않을 수 없습니다.

　바울은 유대교 배경과 헬라 배경 그리고 기독교 배경이라는 삼중적인 신학적 배경을 가진 인물입니다. 그가 쓴 서신들은 가장 마지막에 쓰여진 것이라도 복음서보다 앞서며 특히 그가 쓴 로마서는 단권 서적으로는 서양 지성계에 가장 큰 영향을 끼친 책으로 평가받을 만큼 그 진가를 발하고 있습니다. 특히 정통 기독교의 맥이 바울에서 어거스틴 그리고 루터, 칼빈, 웨슬리를 거쳐서 오늘의 기독교 신학으로 이어져 온다고 볼 때 바울의 진가는 아무리 강조해도 지나치지 않습니다. 따라서 바울을 올바로 이해하는 것은 신약의 이해에 결정적이며, 바울이 해석한 복음 - 십자가와 부활 - 과 그 복음에 합당한 삶의 방식은 성서적 기독교를 세우는 데 매우 중요한 텍스트가 되고 있습니다. 물론 우리는 복음서의 역사적인 예수 그리고 그의 사역과 가르침을 중요하게 주목하며 따릅니다. 그러나 바울은 예수의 십자가 사건과 부활 사건에 대한 해석을 통해서 예수 그리스도께 대한 신앙을 확고히 세우게 됩니다.

헌터 교수는 탁월한 통찰과 해박한 지식으로 바울의 복음을 철저히 연구했습니다. 그는 바울이 '제5복음서의 저자'(the Fifth Evangelist)라고 불려질 만큼 다른 사도들이 전한 복음과 내용에 있어서 전혀 다르지 않다고 하면서, 그의 생애를 평가해 볼 때 성서의 최고 인물이었음을 밝혀 주고 있다라고 평가합니다. 그래서 바울의 사상적인 배경과 아울러 그의 복음을 소개하고 오늘을 위한 바울의 복음을 해석하고 있습니다. 그의 접근과 구성은 이론과 실제를 소개하는 바울 서신이 가지고 있는 구조적인 특징을 반영하는 것입니다. 바울의 복음 진술은 그가 어떠한 논문을 서재에서나 연구실에서 수많은 자료를 쌓아 놓고 연구하는 학자로서가 아니라 복음을 전파하고 교회를 세우는 과정에서 곧 선교사요 목회자의 바울로서 그의 교회에 성도들을 견고히 세우고 현장에서 일어난 문제를 효과적으로 대처하기 위하여 보낸 서신들이라는 면에서 언제나 그 서신이 쓰여진 상황을 무시할 수 없습니다.

바울의 논지는 언제나 복음 진리를 교리적으로 전개한 후에 그 복음으로 구원받고 변화받은 성도가 어떻게 살아야 하는지를 말하는 그리스도인의 윤리적인 면을 반드시 말하고 있습니다.

바울은 복음이 단지 교리로서만이 아니라 삶 속에서 그리스도와의 교제를 통해서 미래의 위대한 영광의 소망에 이르기까지의 내용을 간략하게 그러나 잘 요약해 주고 있습니다.

이 책은 바울의 서신에서 취급한 내용을 바울이 취급하는 복음을 중심으로 어떻게 해석하고 그것을 삶에서 어떻게 적용해야 하는지를 미래의 영광의 소망까지 포함하여 다루면서 바울 서신 전체를 잘 요약하고 있습니다. 그래서 평신도나 신학생 모두에게 바울의 복음을 이해하는 데 좋은 지침서가 될 것입니다.

바울이 경험한 이방 세계 곧, 희랍 세계에서 그가 받은 유산은 어느 정도까지이며 비록 그가 과연 얼마의 기간 동안 머물렀을지는 아직도 논의가 계속되는 부분이지만 바울이 헬라 세계에서 진 빚을 부인할 수는 없습니다. 헌터의 주장을 빌린다면 바울은 두세 번 희랍 시인들을 인용합니다. 그는 희랍의 게임으로부터 빌려 온 실례를 경주, 복싱, 레슬링, 경기장 등의 용어에서 빌려 옵니다. 양자라는 단어에서도 보듯이 그레코-로마(Greco-Roman)의 법률에서도 빌려 옵니다. 여기저기서 '양심'과 같은 스토아 학파의 단어나 '마음에 새겨진 법'과 같은 스토아 학파의 개념을 사용합니다(롬 2:14이하). 그리고 때때로 희랍 신비종교에 헌신한 사람들에 의해서 사용되었던 단어들, 예컨대 '신비' '입회된' 등이 바울의 펜에 의해서 쓰여졌습니다. 한때 독일의 종교사학파에 의해서 강하게 제기되었던 바울의 제의에 대한 사상적인 배경이 신비종교의 영향이라든지, 바울 사상을 스토아 학파의 영향이라고 보려 하던 이론은 학문의 세계에서 영향력을 이미 잃고 있습니다. 그럼에도 불구하고 헬레니즘에 대한 바울의 영향을 전적으로 부정할 수는 없다고 말할 수 있습니다. 바울은 구약 성서를 희랍 어 번역인 70인역(the Septuagint)으로 읽었습니다. 그리고 그의 서신을 코이네 희랍 어 즉, 공용 희랍 어로 기록했습니다. 벌써 약 50여 년 전에 헌터는 바울의 그레코-로마적인 배경이 그의 어린 시절 이방 땅 길리기아 다소에서의 이방인의 교육적인 영향으로 보지 않고 있으며, 오히려 기독교인이 되고 난 뒤에 바울이 복음을 전파하는 과정에서 이방인들을 위하여 적절한 언어나 용어를 빌려서 진리를 전달하는 매체로 삼았을 가능성으로 적절히 평가하고 있습니다.

바울의 유대교적인 배경은 그가 비록 기독교인이 되었을지라도 유대교의 배경을 전적으로 포기한 것이 아니고 유대 인으로 남아 있었고, 자기 민족을 자랑스럽게 생각했으며 자기 동족의 성서에 정통해 있었고 하나님의 친 백성의 구원과 관련하여 이방인들의 구원을 갈구하고 있었습니다. 그리하여 유대교에 대한 그의 빛은 모든 서신에 폭넓게 나타나 있습니다.

그러나 바울은 회심이라는 엄청난 용광로 속에서 이 두 사상적 배경을 용해시켜 부활하신 그리스도의 빛에서 재해석하고 있다는 것입니다. 새로운 빛이 그에게 임하였는데 그것은 십자가에서 죽으신 그리스도, 그가 그렇게도 이단으로 여기고 핍박했던 그 예수가 율법 외에 나타난 하나님의 한 의라는 것을 발견한 것입니다. 그 십자가에서 하나님의 우리를 향한 사랑을 발견하면서 이것을 은혜라고 하고 또는 이것을 화목제물이라고도 했습니다. 그처럼 복음을 선포하는 자들과 그 내용을 부끄럽게 여기고 있던 당시의 정황에서 바울이 복음을 부끄러워 아니한 이유가 이 복음은 모든 믿는 자에게 구원을 주시는 하나님의 능력이 되기 때문이라고 말하고 있습니다.

바울은 복음을 듣고 믿게 되면 그는 구원을 받으며 의롭게 되며 하나님과 화목한 관계를 맺게 되면서 성결의 길로 그리고 영화의 길로 나가게 된다는 확신 속에서 살았습니다. 역자는 이 바울을 매우 좋아합니다.

역자는 복음을 듣고 이 복음을 믿고 난 후 복음에 감격하던 고등학생 시절에 이런 서원을 했습니다. "주여! 한국말이 통하는 내 민족을 향해 이 기쁜 소식을 최소한 전하기를 원합니다." 그 후 사도행전을 읽으면서 이 복음이 단지 우리 민족에게만이 아니라 전 세계 모든 민족을 위한 것임을 알고 이것을 준비할 목적으로 유학 후 귀국했습니다. 누군가가 저에게 무엇을 위하여 사는지를 묻는다면 저는 이 복음을 전 세계에 전하여 주님의 나라를 세우기 위하여라고 고백합니다. 그리고 이 일을 위하여 부름받은 이 땅의 모든 동역자들과 함께 마지막 순간까지 달려 갈 것입니다.

이 일을 위하여 역자와 함께 기도하는 서울신대 금요 철야 기도팀과, 성시화를 꿈꾸며 헌신하시는 각 도시의 홀리 클럽(Holy Club)멤버들, 그리고 전략적 24시간 중보기도 쎈타를 꿈꾸며 이대 다락방에서와 각 도시에서 중보기도 운동에 동참하는 모든 동역자들과 함께 이 책을 나누기 원합니다. 헌터 교수의 글은 약 50년 전의 것이기 때문인지 문장으로 쓰지 않고 자꾸만 풀어 쓰는 경향이 있습니다. 가급적 원 저자의 문체를 그대로 살리려고 했습니다. 그러다 보니 읽기에 난해한 부분이 적지 않습니다. 이 책이 출판되기까지 도움을 준 제자 한대수, 황영철 전도사께 감사하며 원고를 읽고 교정에 수고한 손순철, 엄자영 전도사께도 또한 감사합니다. 그리고 책의 출판을 허락하신 크리스챤서적 사장 임만호 장로님께 감사를 드립니다.

2000년 11월의 초겨울에
서울신학대학교 성주산 기슭 연구실에서
조갑진

차 례

저자 서문 · · · · · · · · · · · · · · · · · 5
역자 서문 · · · · · · · · · · · · · · · · · 7

제1부 사도 바울의 복음

서론 · · · · · · · · · · · · · · · · · · · 17
Ⅰ. 바울의 배경 · · · · · · · · · · · · · · 21
Ⅱ. 과거 사건으로서 구원 · · · · · · · · · 25
Ⅲ. 현재 경험으로서 구원 · · · · · · · · · 42
Ⅳ. 미래 희망으로서 구원 · · · · · · · · · 59
Ⅴ. 구세주 · · · · · · · · · · · · · · · · 66

제2부 오늘을 위한 바울의 복음

Ⅰ. 우리 인간의 곤경 · · · · · · · · · · · 79
   1. 사도 바울의 죄론/ 81
   2. 바울의 진단은 오늘날도 옳으며 유효한 것인가?/ 84

3. 악마의 영역/ 88

4. 현대인과 원죄/ 91

5. 하나님의 진노에 대한 주해/ 94

Ⅱ. 구원의 길 · · · · · · · · · · · · · · · · · 96

1. 바울 복음에서의 구원의 길/ 96

2. 이 구원의 길은 시대에 뒤진 것인가?/ 97

3. 복음의 전달/ 101

4. 십자가에 대한 설교/ 104

Ⅲ. 새로운 삶(1) · · · · · · · · · · · · · · · 110

1. 그리스도와의 교제 가운데 있는 삶/ 112

2. 그리스도 공동체 안에서의 삶/ 115

3. 교제 가운데 있는 삶/ 121

Ⅳ. 새로운 삶(2) · · · · · · · · · · · · · · · 125

1. 새로운 삶의 능력: 성령/ 126

2. 새로운 삶의 원리/ 134

Ⅴ. 영광의 소망 · · · · · · · · · · · · · · · 142

1. 종말의 시작 — 'D-Day는 지나갔다'/ 147

2. 그리스도의 날에 대한 소망/ 149

3. 은혜의 해/ 153

4. 기독교 소망의 핵심/ 155

5. 사도 바울과 예정에 대하여 주목하자/ 159

제1부

사도 바울의 복음

제3부

시 비응의 독풍

서론

사도 바울이 이해했던 그리스도의 복음은 예수의 성육신, 십자가의 죽으심, 부활, 그리고 부활하신 그리스도의 역사하시는 능력을 통해 하나님께서 공급하셨고 현재 믿는 자와 장차 믿게 될 모든 자에게 주시는 구원에 관한 좋은 소식이다. 우리가 바울 신학이라 칭하는 것은 그의 서신에서 상세히 설명되고 있는 복음이다. "바울 사도의 신학은 어느 누구도 그의 복음에서 떼어 놓을 수 없는 것입니다. 그것은 바울이 심령으로 부여잡은 것으로 자신의 복음 그 자체입니다."[1)]

"우리가 왜 그것을 공부해야만 하는가?" 하는 질문에 대한 짧은 대답은, "사도 바울이 그리스도 사건에 대한 해석자들 중 최초의, 그리고 아마도 가장 위대한 사람이었기 때문이다. 또한, 그는 그리스도가 누구였고 현재 누구인지를 다른 어떤 사람보다도 더 잘 해석한 하나님의 신에 감동된 인물이었다"는 것이다.

그러나 모두가 위와 같은 답을 부여하지는 않는다. 수세기를 내려오는 동안 적지 않은 사람들이 데이빗 린드세이 경의 세 가지 재산(Sir David Lindsay's Three Estates)에서 말하는 용서하시는 분(Pardoner)에 동의하는 어떤 경향을 보여 왔다. 린드세이 경의 세 가지

---

1) Denny, Expositor, Jan. 1901, p.4.

재산에서는

가시 면류관을 쓴 그분에 의해서,
사도 바울은 결코 태어나지 않았다.

그리고 어떤 이들은 사도 바울의 신학은 재앙을 초래한 실수라고 노골적으로 말했다. 100년이 채 못 되어, "추하고 왜소한 유대 인"(the ugly little Jew)의 날은 끝났다고 예언한 르낭(Renan)은 "바울의 서신들이 기독교 신학의 주요 결함을 초래한, 위험과 장애물이 되어왔다."는 대담한 진술을 했다. 르낭보다는 덜 알려진 다른 많은 이들은 바울을 "일종의 악한"(the villian of the piece)으로 간주했다. 즉, 그는 하나님의 부성애(fatherhood)와 인간의 형제애(brotherhood)라는 본래 단순한 복음을, 구원의 복잡한 우주적 드라마로 바꾼 변질의 앞잡이라는 것이다. 그러나 바울은 죄론(Hamartiology), 구원론(Soteriology), 성령론(Pneumatology) 등등에 관한 학문적 논문으로 그의 복음을 거의 질식시킨 바울주의 해석자들, 곧 지나치게 시기하는 친구들의 손에 의해 적지 않은 고통을 당해 왔다.

그러나 바울의 기독교는 결코 죽지 않았다. 다시 말해서, 지난 몇 세기 동안 기독교가 악한 시대에 타락한 것처럼 보일 때에 바울의 기독교는 교회에 활기를 주고 부흥시키는 놀라운 힘을 보여 주었다. 그리고 차례로 교회에 감화를 준 위대한 사상가들 – 어거스틴, 루터, 칼빈, 웨슬리, 발트 – 은 그들의 사역에서 스승으로서 바울의 이름까지 올라가, 그가 다른 어떤 사도적인 사람들보다 더 '예수 안에 있는 진리 그 자체'를 붙잡은 인물임을 설득해 왔다.

어떤 이들이 이 모든 것들을 인정한다고 하더라도 결국, 바울은 우리 시대, 우리의 문제와는 거의 관계가 없는, 그 시대의 사람으로 남아 있다고 여전히 느낄 것이다. 그런 생각을 가진 모든 이들을 위해 칼 발트(Karl Barth)는 이런 답변을 준다.[2]

"그 시대의 아들로서 바울은 동시대인들에게 편지를 썼다. 그러나 하나님 나라의 선지자와 사도로서, 그는 틀림없이 모든 시대의 모든 이들에게 말하고 있다. 우리가 우리 자신을 바르게 이해한다면, 우리의 문제는 바울의 문제이다. 그리고 우리가 바울의 답변들에 의해 조명을 받는다면, 그 답변들은 또한 틀림없이 우리의 해답이 될 것이다."

이것이 이 책을 쓰게 된 신념이다. 분명히 바울의 생각은, 그것이 우리에게 다가와 우리를 사로잡으려면, 종종 20세기 중반의 적합한 용어로의 번역을 요구한다. 종종 바울이 그의 서신에서 랍비적 해석의 부분에 주목할 때 바울의 논쟁은 우리로 하여금 루터에 동정하게 한다. "형제 바울이여, 이건 적용이 안 돼요." 실제로, 어떤 부분에 있어서는, 오히려 날카롭게 그와는 의견을 달리해야만 함을 느낄지도 모른다. 왜냐하면 예를 들어, 케언즈(Cairns) 학장은 그의 자서전에서 다음과 같이 기술하기 때문이다.[3] "저는 로마서 9장을 읽고 있었습니다. 그리고 제가 '진노의 그릇'과 '오, 하나님을 대적하여 대답하는 사람아, 너는 누구인가?'라는 구절에 다다랐을 때, 제 마음에 한 발상이 떠올라 '내가 그렇게 한다!'라고 말했습니다. 이것은 양심을 거스르는 불의하고 포학한 행위입니다. 따라서, 그런 행위를 하는 분은 하나님이 될 수 없습니다."

그럼에도 불구하고, 우리가 세부 사항의 이러저러한 부분에 동의하지 않기 때문에, 또는 그리스도로부터 떠난 인간에 대한 바울의 어두운 견

---

2) *Romans*, E.T., p.1.
3) David Cairns, *An Autobiography*, p.121.

해를 우리가 싫어하기 때문에, 또는 기독교인의 결혼이 매우 결함이 있다고 보는 그의 견해를 우리가 비판하기 때문에, 바울의 신학을 '진부한 것'으로 제쳐두는 것은 큰 실수가 될 것이다. 진정한, 그리고 영원한 문제들은 바울이 논하는 일시적인 문제들 아래 놓여 있다. 예를 들면, 구원이 믿음에 의해서냐 행위에 의해서냐에 관한 논쟁이 그러하다. 우리가 바울의 주요 전제라 부르는 것 (그리스도인으로서 우리는 어쩔 수 없는) 즉, 세계의 흐름 바깥에는 살아 계신 하나님이 계시고 그분은 역사의 진로를 설정하시고 한번은 나사렛 예수라고 불리는 인자(人子)로서 그 세계 속으로 공공연하게 그리고 결정적으로 들어오셨다는 것을 인정한다면, 그의 신학의 주 방향은 견고히 선다. 그리고

아주 오래 전, 그 진리(Truth)가 발견되었다.
일단의 무리가 그 진리를 붙들었다.
그러나 견고히 잡으라 — 그분의 옛 진리(Truth)를[4]

---

4) Quoted Barth, *Romans*, E.T., p.1.

Ⅰ. 바울의 배경[5]

　사도 바울은 이방인의 환경에서 대부분 살다가 기독교인이 되었던 유대 인이었다. 그러므로 그의 신학적 배경은 다음과 같이 삼중적이다 - 유대교 배경, 헬라 배경, 그리고 기독교 배경.
　유대교에 대한 그의 빚은 모든 서신에 폭넓게 쓰여 있어서 그것을 공들여 작업할 필요가 거의 없다. "히브리 부모에게서 태어난 히브리 인의 아들"(빌 3:5)인 바울은 바리새 파의 신조 가운데서 교육을 받았는데, 그것은 의롭고 거룩한 한 분 하나님에 대한 신앙, 인간을 위한 하나님 의지의 유일한 계시로서의 율법(또는 토라)에 대한 신앙, 하나님의 특별한 백성으로서 이스라엘의 선택에 대한 신앙으로 요약될 수 있다. 이러한 것들은 바울 사상에 대한 기초이다. 그리고 비록 바울의 회심이 그의 삶을 둘로 양분하여 그를 '새로운 피조물'로 만들었을지라도, 그는 끝까지 유대 인으로 남아 있었고, 그의 민족을 자랑스럽게 생각했으며, 자신의 높은 특권을 인식하고 있었을 뿐만 아니라, 자기 동족의 성서에 정통해 있었고 - 비록 이방인의 사도로 부름을 받았지만 - 하나님의 친 백성의 구원과 관련하여 이방인의 구원을 또한 갈구하고 있었다. - "그리하여 온 이스라엘이 구원을 얻으리라"(롬 11:26).
　길버트 머레이(Gilbert Murray)는[6] 바울을 "희랍 문학의 위대한 인

---

　5) 우리는 목회서신서들을 제외한, 일반적으로 바울이 저자라고 보는 모든 서신들을 바울 서신으로 받아들인다.

물들 중의 하나"라고 불렀다. 바울이 헬레니즘에 어떤 빚을 졌는가? 그는 성서를 희랍 어 번역인 70인역(the Septuagint)으로 읽었다. 그는 자신의 서신들을 코이네(Koine) 희랍 어, 또는 다른 말로는 "대중 희랍 어"(common Greek)로 썼는데, 그것은 그 시대의 공용어(lingua franca)였다. 바울은 그리스도인으로서의 30년이라는 대부분의 삶을 매 지점마다 희랍 문화와 문명, 그리고 종교가 만나는 땅에서 보냈다. 우리는 이 모든 것이 바울에게 끼친 영향을 무시할 수 없을 것이다. 바울은 두세 번 희랍 시인들을 인용한다. 그는 희랍의 게임에서 빌려온 실례를 제시하고(경주, 복싱, 레슬링, 경기장), 그레코-로마(Graco-Roman)의 법률 과정에서 빌려 온다(예를 들면, "양자"). 여기 저기서 바울은 "양심"과 같은 스토아 학파의 단어나 "마음에 새겨진 법"과 같은 스토아 학파의 개념을 사용한다(롬 2:14이하). 그리고 때때로 희랍의 신비 종교에 헌신한 사람들에 의해서 사용되었던 단어들〈"신비," "입회된"(initiated) 등〉이 바울의 펜에 의해서 쓰여졌다. 그러나 그의 사상에 대한 스토아 학파의 강력한 영향력이라는 개념은 심각하게 취급되지 않고 있으며, 제의에 대한 바울의 사상이 신비 종교에 의해서 깊은 영향을 받았다는, 한때 독일에서 유행했던 이론은 학문 세계에서 그 자리를 이미 잃었다. 만약, 우리가 헬레니즘에 대한 바울의 영향을 부정하지 말아야 한다면, 우리는 그것을 과대 평가해서도 안 된다. 그것은 피상적인 것이지, 근본적인 것이 아니다. 바울 사상의 관용 어법은 히브리적이다. 바울의 위대한 핵심용어들("의", "믿음" 등)은 구약 성서에 그 뿌리를 깊이 내리고 있다. 그의 변증법은 종종 랍비적이다. 그리고 하나님, 인간, 시간, 영원에 대한 그의 개념은 희랍 문헌보다는 유대 문헌에 더 많은 빚을 지고 있다. 존 오만(John Oman)은 이렇게 고찰하고 있

---

6) *Four Stages of Greek Religion*, p.146.

다. "한 사람의 본성적 자질이 강할수록 그의 타고난 기질이 활기 있는 상태로 남아 있을 가능성이 더 높다." 비록, 바울 사상의 표층이 헬레니즘에 많은 빚을 지고 있다 하더라도, 그것의 하부 토양은 유대교가 지배적이었다.[7]

이제, 바울이 기독교로부터 진 빚을 보자. 뜬구름 잡는 식으로 '바울주의'를 말하는 사람들은 종종 바울이 그의 기독교 선배들에게 대단히 많은 빚을 지고 있다는 사실을 잊곤 한다. 고린도전서 15장 3절 이하에서처럼 바울은 종종 자신이 선배들로부터 '전수받았던' 사실을 반복하고 있다고 분명히 우리에게 말하고 있다. 그러나 그의 서신들에서 많은 것들이 바울 이전에 존재했던 일반적인 사도적 기독교이다. 그의 케리그마(혹은 '선포된 메시지')는 일반적으로 사도적 복음이었다. 바울은 다음과 같이 말한다. "그러므로 내나 저희(바울, 야고보와 나머지 사람들)나 이같이 전파하매 너희도 이같이 믿었느니라"(고전 15:11). 그가 언급하고 있는 "주의 말씀들"(고전 7:10; 9:14; 행 20:35)은 그의 기독교 선배들을 통해서 그에게도 왔던 것이다. 바울은 그리스도의 죽음에 속죄적 중요성을 부여한 첫번째 사람이 아니었다. 그가 세례와 주의 만찬이라는 두 개의 성례전을 고안하지도 않았고, 더구나 성령론을 창안하지도 않았다. 만약, 바울이 예수를 메시아와 주님으로 예배했다면, 그렇게 했던 사람은 바울 앞에 있었던 기독교인들이었다. 그리스도에 대한 그의 서신들에서 가장 위대한 부분(빌 2:6-11)은 바울 기독교 이전의 찬양일 것이다.[8] 간단히 말해서, 만약 우리가 바울을 '낯선 사상의 바다를 홀로 여행하는, 영적인 콜럼버스로 생각한다면 우리는 오류를 범하게 된다. 원래의 바울과 그의 깊은 종교적 경험은 의심할 여지없이

---

7) W. D. Davis, *St. Paul and Rabbinic Judaism*, p.321.
8) Lohmeyer, Hering, Cullmann, Jeremias 등이 이렇게 본다.

중요하게 평가되었다. 그러나 그가 그렇게 창조적인 능력으로 쓰고 있는 사실은 그 이전에 '그리스도 안에' 있었던 사람들로부터 나왔던 일반적인 기독교 신앙이었다.

바울에 대한 우리의 영적인 서문(prolegomena)은 가장 중요한 사실 중의 하나를 말해야만 한다. 즉, 그의 회심이다.

어떤 사람은 바울의 믿음이 문법학자의 느낌보다는 죄인의 느낌을 간직하고 있다고 말했다. 그것은 회심한 사람, 즉 "나의 나 된 것은 하나님의 은혜로"(고전 15:10)라고 말할 수 있는 사람의 신학이다. 의심할 여지없이 다메섹 도상의 체험에 대한 모든 암시가 그에게 명확하게 되기까지는 시간이 필요했다. 그러나 바울에게 그것이 네 가지의 결정적인 결과들을 가져왔다고 분명히 말할 수 있다. 먼저 그것이 의미하는 것은 그리스도가 논쟁의 여지없이 살아나셨다는 것이다. 그것은 부활을 통하여 십자가의 사역 위에다 인치신 하나님의 능력에 의해서 살아나셨다는 말이다. 두 번째로 박해자 바울에게 하나님의 저주의 표시였던(갈 3:13) 십자가 자체가 하나님 사랑의 최고의 증거가 되었다(롬 5:8). 세 번째로 바울이 이제 '구원은 주님께 속하였다'는 것을 알게 되었다는 것이다. 그것은 하나님의 입장에서 시작되는 순수한 구원의 행위로서 인간의 편에서 받을 가치가 있는 그 어떤 것도 할 수 없는 것이라는 사실이다. 왜냐하면 그가 아직 죄인이었을 때, 하나님이 바울을 당신 자신과 화해시키셨기 때문이다. 그리고 마지막으로 그의 회심 바로 그 시간에 바울은 살아 계신 그리스도뿐만 아니라, '장차 도래할 세상에 대한 비전'과 그것을 위한 하나님의 사도로서의 자신의 비전을 보았는데, 곧 하나님께로부터 선택된 대사로의 비전이었다.

다메섹 도상에서 그리스도와의 만남을 통해서 탄생된 이러한 모든 확신들은 그의 사상과 신학에 깊이 물들어 있었다.

Ⅱ. 과거 사건으로서의 구원
(Salvation as a past Event)

우리는 이제 사도 바울의 기독교를 고찰할 준비가 되어 있다. 그러나 다음과 같은 질문이 제기된다. 마치 아리아드네의 실(Ariadne's thread)처럼, 우리를 바울 신학의 심장부로 인도하여 바울 신학을 전체로서(as a whole) 볼 수 있게 하는 어떤 핵심 단어나 개념은 없는가?

이와 같은 질문에 대한 전통적 개신교의 대답은 "믿음에 의한 칭의"(Justification by faith)였다. 그렇게 루터는 판단했고, 그의 손안에서 그 교리는 트럼펫이 되었는데, 그가 트럼펫을 불 때마다 그것은 영혼에 생명을 주는 선율이었다. 그러나 우리가 보겠지만 "믿음에 의한 의"는 더 큰 부분의 한 부분이거나, 만약 당신이 좋아한다면 여행을 떠나는 첫 걸음이지, 전체의 길은 아니다. 다른 사람들은 "그리스도와의 연합"(Union with Christ)이라고 제안했다. 다이스만(Deissmann)이 말했 듯이[9] "바울의 종교는 매우 단순한데, 그것은 그리스도와의 교제"(communication with Christ)이다. 비록 확실히 바울의 기독교에서 이것이 매우 중요한 것이기는 하지만, 다시금 우리는 이것 또한 하나의 요소일 뿐이라고 주장해야 한다. 우리가 필요로 하는 말은 더 포괄적이어야 한다는 것이다.

지금까지 말해 온 것은 종교에 대한 근본적 질문은 '구원받기 위해서

---

[9] *The Religion of Jesus and the Faith of Paul*, p.223.

내가 무엇을 해야 하는가?'(What must I do to be Saved) 인데, 바울 신학은 바로 이 질문으로부터 출발한다."[10] 그래서 그가 비시디아 안디옥(Pisidian Antioch)에서 설교할 때, 혹은 로마에 있는 기독교인들에게 편지할 때, 바울이 사용하고 있는 말이 바로 "구원"(salvation)이다. "이 구원의 말씀을 우리에게 보내셨거늘"(행 13:26). "모든 믿는 자에게 구원을 주는 하나님의 능력이 됨이라"(롬 1:16).[11]

'구원'은 우리가 필요로 하는 단어이다. 바울의 시대에 헬라 인과 유대 인에게 있어서 그들이 무엇에서 구원받기를 원했는가에 관해서는 서로 불일치했을 것이다. 헬라 인에게 있어서는 운명과 멸절(annihilation)의 두려움에서 구원이었을 것이고 유대 인에게 있어서는 거룩한 하나님과 갈라놓는 죄로부터의 구원이었을 것이다. 그러나 구원은 두 민족이 서로 갈구하는 것이었으며, 바울은 그들이 찾는 것이 복음 안에 있다고 주장했다. 그의 관점에서 볼 때, 복음은 단순히 부정적인 어떤 것인 죄의 지속적 결과에서 안전(죄, 육, 죽음), 즉 단순한 치료의 시스템이 아니었다. 그것은 인간이 무엇에게서 구원을 받는 것뿐만 아니라, 무엇을(화해, 의, 생명) 위해 구원을 받아야 하는지를 포함했다.

라이트푸트(Lightfoot)가 말했듯이 이제 신약성서에서 구원은 '과거의 사건, 현재의 사건, 그리고 미래의 사건'이다. 이런 맥락에서 바울이 주장하는 진리는 다음과 같다. "우리는 구원을 받았다"(롬 8:24). "우리는 구원을 받는다"(고전 15:2). "우리는 구원받을 것이다"(롬 5:9). 참으로, 구원에 관한 그의 전체 교리는 로마서 5장 1절에 포함되어 있다. "그러므로 우리가 믿음으로 의롭다하심을 얻었은즉 우리 주 예수 그리스도로 말미암아 하나님으로 더불어 화평을 누리자. 또한 그로 말

---

10) Weinel, *Paul, the Man and His Work*, p.289.
11) 엡 1:13 "너희 구원의 복음"을 참조하라.

미암아 우리가 믿음으로 서 있는 이 은혜에 들어감을 얻었으며 하나님의 영광을 바라고 즐거워하느니라."

바울이 구원에 대해서 생각하고 있는 것처럼, 믿음으로 신자가 그리스도 안에서 하나님의 용서를 받았던 때를 회고한다. 그는 그의 현재 축복 속에 거하고 있고("우리가 서 있는 이 은혜"), 그는 죄와 죽음이 없고 축복된 그날을 즐길 때를 고대한다. 바울의 신학에 대한 우리의 해석은 로마서에 있는 이 의미 심장한 구절에 대한 단순한 확장일 것이다.

과거 사건으로서의 구원 (Salvation as a past Event)

과거의 사건으로서의 구원은 십자가 위에서 성취된 그리스도 사역을 회고하는 것이고 십자가에서 이룩하신 은총 안에서 신자가 누리는 덕을 회고하는 것이다. 바울은 이것을 세 가지 그림 용어(picture phrases)와 관련하여 생각한다. 구원, 의인, 화해가 그것이다. 첫번째로, 결박된 인간이 자유롭게 풀어지는 것을 그린다. 두 번째는 죄인인 인간이 무죄로 사면되는 것을 그린다. 세 번째로 멀리 떠나간 아이가 부모님의 호의 가운데로 다시 들어오는 것을 그린다.

"구속"(Redemption apolytrosis- 롬 3:24; 골 1:14; cf. 또한 갈 3:13; 4:5; 롬 6:18; 8:2 등에서처럼 바울은 "구속하다"와 "자유롭게 하다"와 같은 동사들을 사용한다)은 원래 노예나 죄수가 값을 지불하고서 자유를 얻게 되는 것을 의미했다. "구출"(deliverance)이라는 보다 일반적인 의미를 취하기 위해, 70인역에서 "구원"은 이집트의 속박으로부터 그의 백성에 대한 하나님의 구원을 표현하기 위해 사용되었다. 바울은 이 단어를 죄의 속박으로부터 기독교인들의 해방을 표현하기 위해서 사용하고 있다. 그는 그리스도께서는 우리 인류를 죽음으로 끌고 가는 죄로 인한 노예 신분에서 해방했다고 말한다.

우리는 이것들로부터 인간이 해방되어야 할 무서운 삼두정치(aterrible triumvirate)를 구성하고 있는 죄에 대한 그의 교리뿐만 아니라, '육' 과 '율법' 에 대한 그의 교리를 검토하기 위해서 잠깐 쉬어야 한다.

일반적으로 바울은 죄를 말하고 있지, 복수로서의 죄들을 말하지는 않는다. 그러나 죄에 대해서 그가 말해야 했던 것은 상당히 실험적이다. 바울은 그의 경험 속에서 그가 알게 된 죄에 대한 진리를 말하고 있다. 비록 그가 죄를 형식적으로 정의하고 있지는 않지만, 그는 죄를 하나님의 율법과의 관계에서 보고 있다. 바울은 "율법이 없으면, 나는 죄를 알지 못했을 것이다"라고 말한다. 유대 인으로서 바울은 자연히 모세의 율법에 대해서 생각했지만, 율법만을 생각했던 것은 아니다. 이방인이든 유대 인이든 모든 사람들에게 어느 정도까지는 하나님의 보편적이고 영원한 율법이 알려지게 되었다는 것이 보다 분명한 표현이다.

그렇기 때문에 죄란 '하나의 잘못되어 가는 것' 이다. 그러나 바울의 죄 이론은 '원자적' (atomic) 죄 이론이 아니다. 도덕주의자와는 다르게 바울은 만약 사람이 주의를 기울이기만 하면 멈출 수 있게 되는 잘못된 선택이나 도덕적 오류의 연속으로 죄를 간주하지 않는다. 죄는 인간 속에 만연해 있는 적극적이며 파괴적이고 근원적 풍토병이다. 게다가 그것은 사회적이며, 집단적인 오류이다. 다시 말하면 일들이 과격하게 잘못되어진 인류의 상태라는 말이다.

그 기원에 관해 바울은 한 문장 속에서(롬 5:12이하) 모든 사람들의 죄의 흔적을 아담의 원초적 불순종의 행위에서 찾고 있다. 아담의 불순종이 죽음을 이 세계 속으로 가져왔고, 우리의 모든 저주를 가져왔다. 로마서 1장 18절에서 32절과 같은 다른 곳에서 바울은 죄의 뿌리를 인간에게 당신을 계시하신 하나님에 대한 참 지식에서 인간이 등을 돌린

데에서 찾는 것으로 보이기도 한다. 죄의 본질에 대하여 바울은 그것을 인간 안에 내재하면서 속박하는 악한 힘으로 간주한다. 그래서 우리는 바울의 완전한 의미를 얻기 위해서 죄(sin)를 거의 대문자 S로 표기해야 한다. 죄의 범위에 관하여 바울은 그것이 우주적이라고 생각한다 — '모든 사람이 죄를 범했다.' 죄의 영향력에 관하여는 죄가 사람으로 하여금 하나님의 저주와 진노 아래 있게 한다. 그리고 그 죄의 치유와 관련하여 그 유일한 해결책은 '그리스도 안에 있는 구속'에 있다. 우리는 우리의 죄를 위해서 돌아가신 살아 계신 그리스도에 대한 믿음에 의해서만 죄의 저주와 정죄에서 구원을 얻을 수 있다.

죄가 사용하는 도구는 육체(sarx)이다. 그것은 몸과 같은 것이 아니다. 기본적으로 육체는 인간 본성의 질료적 부분으로 반드시 악한 것은 아니다. 그러나 '행동 근거'로 육체를 사용하는 죄가 육체를 더럽혔기 때문에, 육체는 더 이상 도덕적으로 중립일 수 없다. 육체는 실제의 범죄자인 죄의 비자발적인 공모자가 되었다. 죄에게 그 기회를 제공한 질료로서의 육체는 자연적으로 약한 인간(종종 구약에서처럼)을 의미할 뿐만 아니라, 타락한 인간(하나님께 배반한 인간의 본성)을 의미하게 되었다.

그러므로 '육체를 신뢰하는 것', 혹은 '육체를 따라 사는 것'은 열등한 욕정에 굴복하는 것(비록 그것이 포함된 것이기는 하지만)이라기보다는 하나님 없이, 죄악 된 자기 신뢰 속에서 사는 것이다. 이것은 창조주에게서 돌이켜서 일시적이고 멸망하게 될 피조물 속에서 자신의 안전을 찾는 것을 의미한다. 이것에 대한 반대는 '성령을 따라' 사는 것이다. 그리고 성령이 생명과 평화를 가져오기 때문에, 육체는 멸망하게 되고, 죽음에 이르게 된다(롬 8:2). 발트(Barth)의 말을 빌리자면[12] 육체는 "창조주 앞에 있는 피조물의 전적 무능"을 의미하는데, 그에 대한 유일한 치료법은 "그리스도 예수 안에 있는 생명의 성령"(롬 8:2)이다.

삼두정치에서 세 번째 멤버는 율법이다. 근본적으로 모세의 율법이지만, 그것은 동시에 보편적인 하나님의 율법의 표현으로서의 율법이다.

바울은 "율법의 저주"를 말한다(갈 3:13). 그러나 다른 곳에서 바울은 그것을 "거룩하다"고 부르고, 그것이 "생명을 준다는 것"을 의미했다고 말한다(롬 7:10, 12). 어떻게 율법이 한 곳에서는 하나님의 거룩한 요구라고 표현되고, 다른 곳에서는 인간을 절망으로 몰아넣는 노예법으로 표현될 수 있는가? 이에 대한 설명은, 율법이 저주가 아니라(율법이 하나님의 도덕적 요구들을 포함하는 한, 그것은 여전히 유효하다) 저주는 '율법주의'(legalism)라는 것이다. 율법주의는 구원을 얻기 위하여 그 율법의 규정을 순종함으로써 하늘에 계신 심판자의 신뢰를 획득하여 율법 아래서 살려는 시도이다. 그것은 우리가 우리의 힘으로 무엇을 할 수 있고, 선하게 될 수 있다고 믿는 것이다. 이러한 '율법적' 인간은 종교적으로 볼 때 '자력으로 살아가는 인간'(self-made man)이다. 그러나 바울이 발견했고, 그 후 수많은 다른 사람들이 발견한 것처럼, 그런 방식에는 구원이 없다. 그 어떤 사람도 율법의 행위로 하나님의 은총을 얻을 수 없다. 죽을 수밖에 없는 인간을 율법의 행위로 옷 입혀서 지극히 높으신 분 앞에 세워 놓게 해보라. 그러면 판결은 언제나 '불의함!'으로 판명될 것임에 틀림없다.

그래서 바울은 분명한 결론에 이르게 된다. 율법은 구원을 이루는 데 아무런 힘이 되지 못한다. 아무런 힘이 되지 못한다는 이유는 율법은 육체로 인해서 약하기 때문이다(롬 8:3). 바울은 다른 곳에 도달하게 된다. 그것은 우리 또한 우리 자신을 위하여 증명할 수 있는 것이다. 율법은 죄에 대한 감각을 만들어 내고, 심지어 죄 짓는 것을 선동한다는 것

---

12) *Romans*, E. T., p.89.

이다(롬 3:20; 고전 15:56). 예를 들면 "도둑질하지 말라"는 명령이 젊은 어거스틴으로 하여금 이웃의 과수원의 과실을 도둑질하게 했다. 그래서 세 번째로 바울은 율법의 목적을 예비적인 것으로서 보게 되었다. 율법은 하나님 계획 속에 있는 일시적인 방편(롬 5:20; 갈 3:17)이거나, 적극적으로 말하자면 사람들을 그리스도의 학교로 인도하도록 고안된 몽학선생(paidagogos; '후견인', '수행원')이다. 왜냐하면 그리스도의 오심과 함께 구원의 길로서의 율법의 시대는 끝났기 때문이다(롬 10:4). 그리스도 안에서 새로운 관계성 곧 하나님께 대하여 자녀 됨의 새로운 관계가 가능하게 되었다. 이 새로운 관계성 속에서 한 하나님의 율법이 인간의 마음에 새겨지고, 그 안에서 사랑은 행함을 포함하고, 그 새로운 관계성 안에서 성령은 새로운 관계성에 의하여 이루어진 능력이다. 바울은 이렇게 쓰고 있다. "율법에서 벗어났으니 이러므로 우리가 영의 새로운 것으로 섬길 것이요 의문의 묵은 것으로 아니할지니라"(롬 7:6).

과거 사건으로서의 구원에 대한 바울의 두 번째 용어는 "의인"이다. 은총에 대한 믿음을 통한 의인이다. 헬라 어 명사는 디카이오시스(dikaiosis)이고 동사는 디카이오오(dikaioo)인데, 그 의미는 "의롭게 하다"가 아니라 "의롭다고 선언하다" 혹은 "옳게 세우다"이다.

칭의(Justification)는 하나님과의 바른 관계를 갖는 것을 의미한다. 어떻게 죄인이 하나님과 바른 관계를 가질 수 있는가? 그가 자신을 옳게 세울 수 있는가(선을 행하여 하나님의 호의에 대한 요구를 세움으로써)? 우리는 바울의 대답을 안다. 그 어떤 사람도 자신을 하나님과의 관계에서 스스로 옳게 세울 수 없다. 하나님만이 이것을 할 수 있다. 의란 "그리스도 안에 있는 하나님의 구속적 행위에 의존하는 믿음의 결과로 인간을 의롭다고 받아들이시는 하나님의 은혜로운 행동이시다."[13]

바울을 이해하기 위해서 우리는 먼저 그의 핵심 용어인 "하나님의 의"(the righteousness of God)를 연구해야 한다. 로마서 1장 17절과 3장 21절에서 바울이 쓰고 있듯이 하나님의 의는 하나님의 속성이라기 보다는 하나님의 행위이다. 그것은 특별히 구약성서의 시편과 제2 이사야의 용례에서 그 실마리를 풀 수 있다. 거기에서 히브리 어 체다카(tsedaqah)는 70인역에서 디카오쉬네(dikaiosyne)로 번역되었는데, 그것은 당신 백성의 변호를 위하여 행하시는 하나님의 은총, 즉 자기 백성을 위해 "사물을 바르게 하시는 하나님"을 의미한다. 그것은 "구원"과 동의어이다. 당신의 백성을 적대자들에게서 보호하시고, 그들의 죄에서 구원하심을 통해서 당신의 백성을 구원하시는 하나님의 행동이다. 다음과 같은 절에서 그 의미가 드러난다. "나의 구원이 가까웠고 나의 의가 속히 나타날 것임이라"(사 56:1), "여호와께서 그 구원을 알게 하시며 그 의를 열방의 목전에 명백히 나타내셨도다"(시 98:2).

그러한 하나님의 변호를 위해 - 하나님께서 모든 잘못된 것들을 결정적으로 바로잡고 사물들을 바르게 하실 날을 위해 - 예언자와 시편 기자는 그리스도가 오시기 전 수세기 동안 갈망했다. 이것이 메시아 대망의 핵심이다.

이러한 배경과 함께 바울이 복음이란 하나님의 의가 드러난 좋은 소식이라고 말할 때, 우리는 바울을 이해할 수 있을 것이다. 바울은 그리스도와 그의 십자가에서 인간을 구원한 하나님의 신적인 행동을 생각하고 있는 것이다. 이것은 그리스도의 삶과 죽음과 부활을 통해서 하나님의 나라가 임했다는 바울의 표현 방식이다.

그렇다면 어떻게 죄인이 하나님과 의롭게 되는가라는 질문은 어떻게 죄인이 이러한 하나님의 의를 자신의 것으로 만들게 되는가로 바뀌게

---

13) V. Taylor, *Forgiveness and Reconciliation*, p.57.

된다. 답변은 다음과 같다. 그리스도를 믿으므로이다. 하나님은 그리스도를 우리의 의가 되게 하셨다. 어떤 죄인이라도 우리의 죄를 위해 돌아가신 그리스도를 믿으면, 은혜의 하나님께서는 그를 의롭게 하신다. 즉 그를 의롭다고 선언하시고, 당신은 그를 의롭게 하신다. 이것은 그의 죄에 대한 용서뿐만 아니라, 하나님과 함께하는 새로운 지위의 선물을 의미한다.

이것은 그를 단번에 죄 없게 하지는 않는다. 브룬너(Brunner)는 말하기를[14] "기사가 기사로 작위를 받기는 했지만, 그의 내적 조건에 있어서는 여전히 평민이다. 그의 고귀함은 아직까지 자신의 전체 본성 속에 침투해 있지는 않다." 그러나 의롭다 칭함을 받은 인간은 잠재적으로 의롭다. 완성에 있어서 아직은 아니지만, 그리스도가 성취한 사역에 의존한 믿음 덕분에 그는 마음과 목적에 있어서 의롭다. 그리고 그는 어린 아이로 출발할지라도 성장하여 온전하게 되도록 부름을 받았다.

바울은 "하나님은 불경건한 자를 의롭다 하신다"고 말한다. 여기에 역설이 있다. 하나님께서는 죄인을 무죄 선고하시는 재판관이라는 말이다. 그러나 바울은 그의 법정의 언어를 통하여 우리로 하나님의 놀라운 은혜를 엿보게 한다. 그리고 맨 밑바닥에 바울은 예수께서 탕자의 비유에서 선포했던 것과 같은 동일한 구원의 진리를 선포하고 있다. 법정의 언어가 아닌 가정의 언어에서 우리는 비유적으로 하나님이 "불경건한 자를 의롭게 하시는" 분임을 보게 된다. 성서에 기록된 것처럼 아버지의 입맞춤이 의인이라고 한다면 반지와 옷은 영화를 말한다. 그리고 의인은 구원으로 가는 첫번째의 결정적인 단계다.

과거 사건으로서의 구원을 위한 바울의 세 번째 용어는 "화해"(*reconciliation*)이다. 헬라 어로 명사는 카탈라게(katallage)이고, 동

---

14) *Man in Revolt*, p.491.

사는 카탈라쏘(katallasso)인데, 중요한 용례는 로마서 5장 10절 이하, 고린도후서 5장 18절에서 20절, 에베소서2장 16절, 골로새서 1장 20절 이하이다. 그리고 기본적 개념은 하나님과의 친교를 위한 회복에 관한 것이다.

우리가 잘 판단할 수 있듯이 이것은 바울이 처리할 수 있는 최선의 방법이다. 왜냐하면 이것은 전체의 논점을 법정의 수준에서 개인적인 관계의 수준으로 옮기는 것이기 때문이다. 또한 현실(현실이 어떻게 파악되든지 간에)과의 화해에 대한 갈증은 무언가 기본적이며 보편적인 것이기 때문이다.

화해에 대한 필요를 가져온 것은 죄이다. 죄는 하나님과의 교제를 파괴한다(인간은 하나님과의 교제를 위해서 창조되었고, 또한 그것은 인간에게 가장 큰 복이다). 이것은 거룩한 하나님과 죄인, 즉 하나님과 피조물 사이를 소원케 하는 장애물을 세운다. 이것은 가정적 관계성을 방해한다. 바울은 이러한 상태를 "소외"(엡 4:18), 혹은 "적대감"(골 1:21)이라고 칭한다.[15] 인간의 요구는 상실한 교제를 회복하는 것, 가족 관계를 회복하는 것, 반(反) 은총(disgrace)에서 빠져 나와 은총으로 들어가는 것이다. 그러나 인간은 자신을 위해서 그것을 할 수 없다. 하나님만이 그것을 하실 수 있다. 그리고 바울이 말하기를 십자가에 못박히신 그리스도 안에서 하나님께서 그것을 행하셨다는 것이 바로 복음의 핵심이라는 것이다. "하나님께서 그리스도 안에 계시사 세상을 자기와 화목하게 하시며"(고후 5:19). "곧 우리가 원수 되었을 때에 그 아들의 죽으심으로 말미암아 하나님으로 더불어 화목되었은즉 화목된 자로서

---

15) 로마서 5:10과 11:28의 헥트로이(*hecthroi*)의 의미에 대하여는 길고 승패가 나지 않는 싸움을 하여 오고 있다. 위의 헬라어에서 바울이 적의가 있다는 것을 의미하려 했는지? 아니면 죄인들이 신적 적대감의 대상이라는 말이었는지? 아마도 그는 그 둘 다를 말하는 것 같다.

는 더욱 그의 살으심을 인하여 구원을 얻을 것이니라(롬 5:10). 골로새서 1장 20절과 에베소서 2장 14절에서 16절을 참조하라.

우리가 덧붙일 필요가 있는 것은, 다른 모든 신약성서 기자들처럼 바울에게 있어서도 화해가 문제가 될 때는 하나님께서 언제나 주체이고 인간은 언제나 객체라는 것이다. 바울은 결코 화목되어진 하나님에 관하여 말하지 않는다. 의심할 여지없이 인간이 화해를 받아들일 때, 소원케 하는 장애물이 치워지고, 하나님과 인간을 위한 새로운 상황이 발생하게 된다. 그러나 그것은 하나님이 화해된다는 것과는 상당히 다른 것이다.

바울에게 있어서 항상 그랬던 것처럼, 화해의 의미가 '그의 아들의 죽음'이라면, 우리는 십자가로 돌아가게 된다. 십자가가 어떻게 화해에 영향을 미치는가를 묻는 것은 속죄에 대한 바울의 교리가 무엇이냐고 묻는 것이다.

이것은 한두 단락으로 적절하게 답변하기에는 너무 큰 문제이다. 그러나 우리는 두드러진 포인트를 찾으려고 시도할 필요가 있다. 먼저 사도 바울이 이 교리를 만들어내지 않았다는 것이다. "그리스도께서 우리의 죄를 위해서 죽으셨다" - 그리스도인을 위한 죄의 용서는 그리스도의 죽음을 통해서 중재되었다 - 는 것은 바울이 그의 기독교 선배들에게서 "전해 받은" 부분이었다(고전 15:3). 그리고 다른 사도들처럼 바울에게 있어서도 십자가는 "하나님의 능력이 감춰져 있는 곳이자 모든 기독교인들의 찬양의 영감"이었다.

그러나 바울은 그것을 매우 다양하게 쓰고 있기 때문에, 그의 교리를 단 하나의 형식으로 국한시키는 것은 어리석은 일이다. "하나님의 각종 지혜"(엡 3:10)라는 바울의 어구에서 그것이 사실임이 드러난다. 이제 바울은 십자가를 하나님 사랑의 최고의 증표로 보고 있다. "우리가 아직 죄인 되었을 때에 그리스도께서 우리를 위하여 죽으심으로 하나님께서 우리에게 대한 자기의 사랑을 확증하셨느니라"(롬 5:8). 이야기 속에 나오는 소년 베비스(Bevis)가 십자가의 그림을 보면서 만약 하나님께서 저기에 계셨다면 나는 그들로 하여금 그것을 못 하게 했을 것이다라고 말했다고 하면서, 십자가 위에서 그리스도께서 보여 주신 사랑의 행위가 하나님의 행위라는 사실이 바울에게는 얼마나 당연한가! 바울이 확신하고 있던 그 무엇이 있었다면, 그것은 하나님께서 거기에 계셨다는 것이다." 이제 바울은 십자가를 하나의 정사와 권세에 대한 심판으로 간주한다. 즉 악의 마귀적 권세에 대한 승리로 보는 것이다(골 2:15). 그리고 이제 그는 십자가를 죄를 위한 한 희생제물로 간주한다 (롬 8:3).

그러나 만약 우리가 그리스도의 죽음에 대한 바울 사상으로 더 깊이 들어가게 되면, 거기에는 연구되어야 할 세 가지의 고전적 구절(loci classici)이 있다. 하나는 로마서에, 다른 하나는 고린도후서에, 마지막은 갈라디아서에 있다.

첫번째인 로마서 3장 24절 이하는 어렵다. "그리스도 예수 안에 있는 구속으로 말미암아 하나님의 은혜로 값없이 의롭다 하심을 얻은 자 되었느니라. 이 예수를 하나님이 그의 피로 인하여 믿음으로 말미암는 화목 제물(chilasterion)로 세우셨으니 이는 하나님께서 길이 참으시는 중에 전에 지은 죄를 간과하심으로 자기의 의로우심을 나타내려 하심이니."

힐라스테리온(hilasterion)은 무엇을 의미하는가? 근래에 들어서 흠정역의 '달램'은 일반적으로 오해하기 쉽다는 점 때문에 배제되고 있다. '속죄'와 '자비의 자리' 중에 선택은 놓이게 된다. 후자로 번역하게 되면 십자가는 하나님의 자비가 죄인들에게 제공되는 장소가 된다. 속죄제의 날에 한때 상징화되었던 것이 이제 그리스도의 못박히심 안에서 현실화된다. 만약 우리가 전자를 더 선호하게 된다면, 십자가는 하나님께서 죄를 속죄하거나 중화하는 자리가 된다. 양자 모두 다 십자가에 달리신 그리스도는 죄인들의 사함을(믿음이란 조건에 근거해서만) 중재하기 위한 하나님의 선택된 방법으로 선언되게 된다. 반면에 동시에 죄를 심판한다(하나님의 의를 드러내기 위해서). 그러나 우리는 속죄의 분명한 이유를 얻지는 못한다. 고린도후서 5장 21절은 더 깊게 들어간다. 먼저 우리는 그리스도의 죽음이 전체를 포함한 죽음("한 사람이 모두를 위해서 죽었으므로 모든 사람이 죽었다")이었다(14절)라는 말을 듣는다. 그리고 나서 속죄가 인간의 죄를 취소하는 것을 의미한다는 것을 진술한 후에, 바울은 십자가에 못박히신 그리스도께서는 우리를 대신하여 속죄양처럼 자기 몸으로 죄의 모든 실체를 친히 짊어지셨다고 선포한다. "하나님이 죄를 알지도 못하신 자로 우리를 대신하여 죄를 삼으신 것은 우리로 하여금 저 안에서 하나님의 의가 되게 하려 하심이니라." 바울은 십자가를 하나님의 역사하시는 행위로 본다. 거기서 죄 없는 분인 예수께서 죄인들을 위하여 죄에 대한 하나님의 진노를 철저히 경험한 것은 우리에게는 더 이상 정죄가 없게 하기 위함이다.

갈라디아서 3장 13절도 동일한 개념의 영역을 갖는다. "그리스도께서 우리를 위하여 저주를 받은바 되사 율법의 저주에서 우리를 속량하셨으니." 저주는 죽음으로 이끄는 죄에 대한 하나님의 정죄이다. 이 저주에 우리는 노출되어 있다. 그러나 그리스도께서는 그의 십자가 위에서 임박한 죄인의 운명과 자기 자신을 동일시함으로써, 이 행위를 통하여 저주는 달아나고 우리는 자유케 되었다.

그러한 구절들은 십자가에서 인간의 죄와 함께 무시무시한 문제를 처리하시는 하나님의 거룩한 사랑을 보여 준다. 하나님의 지명하심으로 그리스도는 죄인의 죽음을 대신하여 죽으셨고, 죄를 제거해 버렸다. 그리스도께서 우리의 죄를 지셨다는 것보다 더 단순하게 말하는 방법이 있을까? 요즘 우리는 그리스도의 고난을 "형벌"이라고 부른다든지, 혹은 예수를 "우리의 대속물"로 규정하는 것을 좋아하지 않는다. 그러나 우리가 속죄에 대한 바울의 관점을 표현하기 위해서 이것 말고 다른 어떤 단어들을 채택할 수 있을까?

바울에게 있어서 십자가는 부활과 분리될 수 없다. "그리스도께서 다시 사신 것이 없으면 너희가 여전히 죄 가운데 있을 것이요"(고전 15:17), 그리스도는 "우리 범죄함을 위하여 내어줌이 되고 또한 우리를 의롭다 하심을 위하여 살아나셨느니라"(롬 4:25). 우리는 십자가를 부활의 빛에서만 바르게 볼 수 있다. 우리는 십자가에 생생히 달리셨다가 다시 부활하신 그리스도에 의하여 구원을 받는다.

구원, 의인, 화해는 바울이 과거의 사건으로 구원을 보는 세 가지 방법이다. 그러나 사람들은 하나님의 선물을 자신의 것으로 만들어야 한다. '믿음'(pistis)은 인간이 어떻게 그 하나님의 선물을 받기에 적합한지를 표현하기 위해서 바울이 사용한 말이다. 믿음은 그리스도 안에 있는 하나님의 은혜로운 행위에 대한 인간의 응답이며, 그것을 받기 위한 조건이다.

믿음이라는 단어는 바울 서신에서 명사와 동사로 거의 200번에 걸쳐 나온다. 문맥에 따라 그것은 여러 가지 의미를 보여 주고 있다. 믿음은 "신실"(롬 3:3에서처럼)이라는 일반적인 구약성서의 의미를 가질 수 있다. 혹은 하나님의 언약에 대한 확신(롬 4:20)일 수노 있다. 혹은 고린도후서 5장 7절("우리가 믿음으로 행하고 보는 것으로 하지 아니함이로라")에서처럼 보이지 않는 것에 대한 확신(히브리서의 특성이 되는 의미)일 수도 있다. 때로 믿음은 기독교에 대한 동의어이기도 하다(롬

1:8; 갈 1:23; 6:10). 그러나 바울이 진정 의도하고자 한 것은 온전한 신뢰이다. 그 신뢰는 강한 순종의 요소를 가진 신뢰이다("믿음은 순종이다"라고 번역할 수 있는 로마서 1장 5절과 비교하라). 구약성서에서 바울의 믿음을 가장 잘 드러낸 인물은 아브라함이다. 그는 하나님께서 그에게 말씀하셨을 때, 하나님의 말씀대로 순종했다. 그러므로 바울에게 있어서 믿음은 그리스도 안에 있는 말씀대로 하나님을 받아들이는 것이다. 니그렌(Nygren)은[16] "사람이 복음을 들을 때, 그것에 의해서 정복되는 것이 믿음이다"라고 말한다. 믿음은 십자가에 달리시고 부활하신 그리스도 안에서 형상화된 하나님의 은혜에 대한 영혼의 예(완전한 응답)이다. 이것이 다음과 같은 절에서 바울이 쓰고 있는 믿음이다. "너희가 그 은혜를 인하여 믿음으로 말미암아 구원을 얻었나니"(엡 2:8). "이 예수를 하나님이 그의 피로 인하여 믿음으로 말미암는 화목제물로 세우셨으니"(롬 3:25). "너희가 다 믿음으로 말미암아 그리스도 예수 안에서 하나님의 아들이 되었으니"(갈 3:26). "오직 의인은 믿음으로 말미암아 살리라"(롬 1:17).

우리가 더 특성을 묘사할 수 있는 이 믿음은 다음과 같다.

먼저 믿음은 명제를 지향하지 않고 인격을 지향한다(살전 1:8에서처럼 때로는 하나님을, 골 2:5에서처럼 때로는 그리스도를 지향한다). 그러나 그 의미에 있어서는 다르지 않다. 왜냐하면 바울의 신뢰는 하나님께 있는데, 바울은 그의 영광을 예수 그리스도의 얼굴에서 보았다(고후 4:6).

두 번째로 구원의 원리로서의 믿음은 '행위'에 반대된다. 즉 인간의 노력에 의한 모든 구원의 교리, 칭찬을 받을 만한 행동으로 하나님의 은총을 얻으려는 모든 시도, 하늘의 재판관에게 신용을 쌓으려는 것(갈

---

16) *Romans*, p.78.

2:16; 3:2; 롬 4:5 등)이 바로 그것이다.

세 번째로 믿음은 행동(롬 10:9)이고 동시에 삶의 태도(갈 2:20)이다. 믿음은 "나는 그리스도를 믿는다"라고 단지 한 번 말하는 것이 아니다. 그것은 믿고 그대로 사는 것을 지속하는 것이다. 바울은 말한다. "내가 육체 가운데 사는 것은 나를 사랑하사 나를 위하여 자기 몸을 버리신 하나님의 아들을 믿는 믿음 안에서 사는 것이다."

네 번째로 믿음은 루터의 비유대로 기독교인의 "결혼 반지"이다. 왜냐하면 믿음은 인간과 그리스도를 연합하게 하여 그리스도가 그를 위해서 행하신 모든 것에 신비하게 그리고 도덕적으로 들어가는 것이기 때문이다(롬 6:3 이하). 그래서 인간은 그리스도 안에 살게 되고, 그리스도는 그 안에 살게 된다(갈 2:20 이하; 고후 13:5; 엡 3:17).

마지막으로 믿음은 선행을 낳는다. 믿음은 "사랑을 통해서 역사"(갈 5:6)하는데, 그것은 그 자체로 지식을 전달한 사랑에 대한 응답이다. 사랑 − 순종하는, 역동적인, 자기 희생적 사랑 − 은 기독교 신앙의 절정이다. 그리고 꽃피지 못하는 믿음은 가치가 없는 것이다(고전 13:2).

이 믿음의 현실에서 세례는 인침이다(롬 4:11을 보라. 그리고 "인침을 받은" 그리스도인에 대해서 말하고 있는 바울의 구절을 보라. 고후 1:22; 엡 1:13; 4:30. 세례에서 세례를 받는 사람은 주님의 재산이라는 직인을 받는다).

기독교 선배들과 마찬가지로, 바울에게 있어서 세례는 교회로 들어가는 입교 의식이었나. 그 방법은 침례였다. 믿음의 고백이 성인에게 집행될 때("예수는 주님이다" 롬 10:9를 보라. "만약 네가 너의 입으로 예수를 주라고 고백하면, 너는 구원을 받을 것이다"), 그것은 "그리스도의 이름으로"(고전 6:11) 행해졌고, 일반적으로 성령을 받음과 관련되어 있었다(고전 12:13).

바울은 두 구절에서(롬 6:3 이하; 골 2:12) 세례를 그리스도와 함께 죄에 대하여 신자가 죽고, 그리스도와 함께 "새 생명"으로 사는 것이라고 설명하고 있다. 여기에서 바울 언어의 리얼리즘을 이해하기 위해서 우리는 "기독교의 세례 뒤에는 세상의 모든 죄를 위하여 그리스도께서 스스로 담당하신 유일하며, 모든 것을 포함하는 그리스도 자신의 "세례"(막 10:38과 눅 12:50을 참조하라)가 있음을 기억해야만 한다." 사람이 그의 주님에 대한 믿음을 고백하고 "그리스도"로 세례를 받을 때, 그가 들어가는 곳은 단번의 "세례"라는 덕이다.

우리는 이 사건이 의미하고 있는 분명한 상징을 제공하는 육체적 의식의 행위들(물 속으로 내려가서 잠겼다가 다시 나오는 것)을 또한 기억해야 한다. 단지 상징일까? 아니다. 그 이상의 것이 있다. 만약 믿음의 필요성과 기본성에 대한 바울의 강조가 일종의 자동적 마술에 의해서 행해졌던 세례 개념을 배제한다면, 구약성서의 상징적 행동들의 본질은〈휠러 로빈슨(Wheeler Robinson)과 다른 사람들이 우리에게 "예언자적 상징주의"라고 부르도록 가르쳤던〉바울에게 있어서 세례의 행위가 그것이 암시하고자 하는 것, 즉 옛 삶의 죽음과 새로운 삶의 부활을 나타내는 것이었다. 그리고 그 후로부터 세례받은 사람은 성령의 도우심과 함께 원칙적으로 이미 그리스도 안에서 새 사람이어야 하는 의무 아래 있게 된다.

Ⅲ. 현재 경험으로서의 구원
(Salvation as a present experience)

그리스도 안에 있는 하나님의 은혜에 믿음으로 응답할 때 그가 가령 구원을 받았다면, 그는 지금 구원을 받고 있다는 말인데 구원은 현재, 진행적인 경험이기 때문이다.

우리 선조들은 이것을 의인(Justification)에서 성화(Sauctification)로의 전이라고 불렀다. 번연(Bunyan)의 비유에 의하면 의인(Justification)은 하늘의 도시로 향하는 길을 허용하는 작은 문이고, 성화는 그 길 자체이다. 이것은 도덕적 진보, 평화 그리고 기쁨의 새로운 영이 이끄는 삶이다. 동시에, 독일 사람들이 말하는 것처럼 은사와 일(Gabe und aufgabe)이다. 바울은 "너희 구원을 이루라"고 말하고 바로 그 다음 "너희 안에서 행하시는 이는 하나님이시니"(빌 2:13)라고 말한다.

이런 면에서 바울은 구원을 다양하게 표현한다. 그는 말하기를 신자는 새로운 왕국 안에 있다 — "그의 사랑하는 아들의 나라"(골 1:13). 그들은 새로운 기반 즉, 은혜의 기반 위에 선다 — "우리가 믿음으로 서 있는 이 은혜"(롬 5:2). 그들은 하나님과 새로운 관계 즉, 하나님의 가족으로 인정받는 양자의 관계 안에 있다(갈 4:5; 롬 8:15). 바울은 우리가 은혜로 하나님의 자녀이고 반면에 그리스도는 본질적으로 아들이라는 사실을 나타내기 위해 '양자'라는 은유를 사용한다(우리는 자녀

− 부모의 관계 속에서 예수님도 역시 하나님과의 친교라는 가장 아름다운 그림을 보셨다고 생각할 수 있다. 하나님과의 친교, 그것은 인간이 가야 할 진정한 운명이다. 우리가 하나님의 자녀가 된다는 것을 앞의 두 가지 관계에서 가르치고 있음을 주목하라).

현재 구원에 대한 바울의 가장 적극적인 단어는 '생명'이다. 즉, 하나님을 위해 그리고 하나님의 친교 안에서 살고 있기 때문에 진정한 생명인 그 생명이다(요한의 영생의 교리와 비교하라). "의인은 믿음으로 말미암아 살리라"(롬 1:17). 회심한 죄인들은 "새 생명 가운데서"(롬 6:4) 행한다. "예수께서 우리를 위하여 죽으사 우리로 하여금 깨든지 자든지 자기와 함께 살게 하려 하셨느니라"(살전 5:10)라고 그는 말한다. 이상적으로 − 비록 바울은 우리가 우리의 높은 부르심에 얼마나 훨씬 미치지 못한지를 잘 알았지만 − 그 표시는 '죄에 대한 죽음'과 '하나님과의 평화' − 죄 없음과 평온 − 이고 그것은 '그리스도 안에서'의 생명 또는 '성령 안에서의' 생명으로 설명될 수 있다.

1

바울 서신의 모든 독자들은 '그리스도 안에' 또는 '주 안에'라는 구절의 빈도 수에 주목했었다 ('그 안에서'와 같은 다른 형태를 계산하면, 그것은 약 200번이나 된다). 이것은 무엇을 말하는가? 때때로 그 어구는 단순히 '그리스도인'이라는 단어에 대한 대체에 지나지 않을지 모른다. 이렇게 바울은 오네시모를 '육신으로 주 안에서 둘 다에서 사랑하는 형제'로 불렀는데 이것은 아마도 단순히 '인간으로서 그리고 기독교인으로서'를 의미한다. 그러나 그 어구는 이것보다 더 깊고 풍부한 의미를 갖는다.

아마 이것은 "그리스도와 합한 세례"(갈 3:27)로 발전한다. 인간이 '그리스도'로 세례를 받을 때, 그는 예수의 소유가 되고, '그 안에' 있게 된다. 그것이 어떤 다른 것을 의미한다 할지라도 '그리스도 안에서'는 그리스도와의 교제 안에서를 의미함에 틀림없다. 이 경험은 바울 기독교의 기초였다. 그 구절은 살아 있는 영적 그리스도와 함께하는 기독교인들의 상상할 수 있는 가장 친근한 교제(다이스만)[17]를 묘사한다. 우리가 공기 중에 살고 호흡하듯이 그리고 그 공기가 우리 안에 있어 우리를 채우는 것처럼 기독교인들 역시 그리스도와의 관계 속에서 산다라고 말할 수 있다.

그러나 이것은 사실이지만, 절반만 사실이다. 많은 구절들에서 "그리스도 안에서"는 분명히 공동의 중요성을 가지고 있다. 그 단서는 '공동의 인격체'라는 히브리적 개념에서 찾을 수 있다 - 대표자의 관점에서 보면 그에게 공동체를 생각할 수 있게 하는 개념이다. 그리고 우리는 구약성서의 메시아가 이스라엘과 서로 같음을 나타낼 수 있다는 것을 기억할 수 있다(시 28:8과 89:38을 보라). 우리는 지금 바울이 이러한 공동체의 방식으로 그리스도를 생각했다는 것을 안다(고전 12:12). "몸은 하나인데 많은 지체가 있고 몸의 지체가 많으나 한 몸임과 같이 그리스도도 그러하니라." "그리스도가 교회다"라고 하는 칼빈의 말은 옳다.

우리는 그 구절이 "그리스도와의 교제 안에서" 뿐만 아니라 "그리스도의 공동체 안에서"를 의미한다고 말해야 한다. 이것은 그리스도의 몸인 교회에서의 회원을 함축한다. 그래서 플로이드 필슨(Floyd Filson)[18]은 기록하기를 "이것은 위대한 개인 경험이고 특권인 반면 '그리스도 안'에 있다는 것은 피할 수 없이 인간을 교회 속에 넣고 그를

---

17) *St. Paul*, p.128.
18) *The New Testament against Enveronment*, p.77.

그리스도의 한 육체 안에 있는 그의 동료 신자들에게 하나가 되게 하는 특권이다"라고 한다. 던칸(G. S. Duncan)[19]도 동일한 맥락에서 말한다. "그리스도와 그의 백성은 공동체의 교제를 형성하고, 그래서 '그리스도 안에' 있는 것은 그리스도로부터 바로 그 생명을 이끄는 종교적 교제의 일원이 되는 것을 의미한다." 결국, 바울의 '신비주의'는 고독에서 고독으로의 탈출이 아니다(no flight of the alone to the alone). 그것은 사회적 경험이다. 그것은 그리스도 안에서 진정한 공동체를 발견하는 것이다. ― 그리스도 안에서. 그것은 다음과 같은 구절에 대한 열쇠이다.

"너희는 그리스도 예수 안에서 다 하나이니라"(갈 3:28).
"그리스도 예수 안에서는 할례나 무할례가 효력이 없되"(갈 5:6).

Note) 다이스만(Deissmann)은 아마도 그 구절을 바울 자신의 신조어로 여기는 실수를 했다. (1) 그 개념은 그의 백성들과 함께한 메시아 결속의 공관복음 교리에 포함되어 있다; 막 8:38: "누구든지 나와 나의 말을 부끄러워하면…" (the reading of W and k). (2) 마 18:20과 25:40 ― 45 같은 말씀들은 미 발달 상태로 그것을 포함하고 있다. (3) 그 구절이나 또는 그것과 동등한 것은 요한복음과 사도행전 그리고 베드로전서에서 나타난다.

---

19) *Galatians*, p.104.

2

그러나 "그리스도 안에" 있다는 것은 "성령 안에" 있다는 것과 같은 말이다〈얼마나 종종 "성령 안에서"라는 구절이 "그리스도 안에서"라는 구절처럼 똑같은 동사나 명사들과 함께 발견되는지 주목하라. "성령 안에서 기쁨"(롬 14:17)이 "주 안에서 기쁨"(빌 3:1)과 평행을 이루듯이 "성령 안에서 거룩하게 되어"(롬 15:16)는 "그리스도 안에서 거룩하게 되어"(고전 1:2)와 평행을 이룬다〉. 그러나 "주는 영이다"(고후 3:17)라는 진술에도 불구하고 바울은 그리스도를 성령과 동일시하지 않는다. 사실은 오히려 그리스도인이 된다는 것은 성령을 통해서라는 것이다. 경험적으로 그 둘은 하나이다.

바울에게 성령은 새로운 생명의 신적 원동력이다(살전 1:5과 롬 15:13을 보라). 이것은 사람 위에서 그리고 사람 안에서 역사하고 있는 하나님의 은혜로운 능력이지만 결코 그리스도와 상관없는 것이 아니었다. 이것은 그가 "하나님의 영"과 "그리스도의 영" 그리고 "너 안에 있는 그리스도"를 차별없이 말할 수 있는 이유이다(롬 8:9 상반절). 그리고 항상 그 영은 우리가 초자연적이라고 부르는 것을 의미한다. 인간 앞에서 존재하시는 하나님일 뿐만 아니라 인간의 경험을 초월하는 힘으로서의 하나님이시기도 하다.

물론 바울은 성령 안에서 신앙이 출발되는 것으로 보지 않았다. 오순절 사건(행 2장)은 기독교 공동체로 하여금 그들 사이에서 "그 마지막 날"에 약속된(요엘 2장) 하나님의 성령으로 확증된 독특하고 새로운 '생명의 상승'을 표적으로 알게 했다. 그러나 초대 기독교인들이 성령을 주로 '방언'이나 소위 우리가 부르는 '부흥 현상'과 같은 열광적 종교 '체험'으로 여긴 반면, 바울은 그것을 모든 종교적 체험의 원천으로 보았고, 좁게 주목해 본다면 더욱 봉사할 수 있는 은사의 원천으로 보았다.[20] 그래서 바울은 성령에 관한 기독교적 사고를 진전시켰다. 성령의 덜 전인격적인 증거를 경시함으로써 바울은 성령에 대한 인간의 생각을 도덕화하도록 도왔다. "인도함", "증거함", 그리고 "탄원함"으로의 성령에 관한 그의 개념으로 인하여 바울은 성령에 대한 그들의 생각을 인격화하도록 도왔다. 그리고 성령을 살아 계신 그리스도와 연결시킴으로 바울은 그들의 사고를 기독교화하도록 도왔다. 바울의 "성령의 열매"는 슐라이에르마허(Schleiermacher)가 옳게 말한 것처럼, "그리스도의 덕목"이다(갈 5:22).

성령에 대한 그의 전 개념은 놀랍게도 얼마나 넓고 풍부한가! "육체"에 그리고 "율법"에 정확히 반대되어, 성령은 약함이 있는 곳에 힘을, 속박이 있는 곳에 자유를, "죄의 육체"가 있는 곳에 거룩을, 죽음이 있는 곳에 생명을 창조한다. 십자가에 못박히신 그리스도 안에서 죄인들에 대한 하나님의 사랑을 우리들 마음속에 가져다 주는 것이 바로 성령이다(롬 5:5). 그것은 우리에게 "율법의 정당한 요구"를 완성하게 하고 의롭게 살게 한다(롬 8:4). 그것은 우리에게 "아바, 아버지"(롬 8:15 이하)라 부르도록 가르친다. 그리고 그것은 우리의 기도 속에서 탄식할 때 우리를 돕는다(롬 8:26). 우리의 천국 유업의 첫번째 보증으로서(고후 1:22; 5:5) 우리 안에서 "썩지 않는 소망"을 창조하는 것이 성령이다. 왜냐하면 죽은 자들로부터 그의 능력의 성령으로 그리스도를 일으키신 분이 그 동일한 성령으로 우리도 또한 영원한 생명으로 일으키신다는 것이 우리의 소망이기 때문이다(롬 8:11).

요약해 보자. 성령은 사람들 속에서 일하시는 그리스도 안에 계신 하나님이시다. 그는 도우시며, 영감을 불어넣으시며, 생명을 주시고 거룩

---

20) 만약 바울이 덕목의 순서에서 성령의 은사를 배열하려 했다면 사랑은 첫째이고 방언(*glossolalia*)은 마지막이었다는 것은 고린도전서12-14장에서 명백해진다.

하게 한다. 기독교인의 생명은 성령의 유익하게 하시는 능력으로 살게 된 삶이다. 그리고 "성령의 교제"[21]라는 어구가 암시하는 것처럼, 성령은 단일의 기독교에 관하여는 아무것도 모르지만, 기독교인의 "하나됨"의 결속에서 모든 종류의 인간과 인간의 모든 조건들을 하나 되게 한다. 성령의 은사 문제를 다루고 있는 고린도전서 12장에서 14장을 잊지 않으면서 성령이 얼마나 바울의 기독교에 중심인지 아는 사람은 갈라디아서 5장, 고린도후서 3장 그리고 로마서 8장을 잘 숙고해야 한다. 온전한 기독교인의 삶이 있는 개인이나 공동체는 성령의 지배를 받는다.

사는 것 고난받는 것 기도하는 것 희망하는 것, 이 모두는 하나님의 능하신 성령에 의해 인도되고 고무되고 보호받는다.

3

만약 성령이 새로운 삶의 동력이라면, 그 새로운 삶 속에서 성령이 역사하는 영역은 교회이다.

교회는 예수가 새 이스라엘의 핵이 되도록 불렀을 때 즉, 열두 제자를 불렀을 때 시작되었고, 바울에게 있어서 교회는 기본적으로 성령을 통하여 그리스도와 연합되고 그러한 연합을 이룬 사람들의 순수한 교제이다. 그는 이것을 다양하게 이름짓는다. "성도들", "믿음의 가족", "하나님의 성전", 그리고 결혼식의 상징으로는 그리스도의 신부로 그러나 그는 이것을 두 개의 주요한 방식으로 생각한다.

우선, 교회는 하나님의 진정한 백성이다. 하나님의 백성인 것을 주장

---

[21] 고린도후서 13:14(참조 빌 2:1). 이 구절은 (a)성령에 의하여 창조된 교제나 (b) 성령 안에서의 교제(성령 안에 참여) 둘 중 하나를 의미한다.

하던 육체를 따라 난 이스라엘은 메시아를 거부함으로 그들의 자격을 상실했고, 그리스도인들은 그들 스스로를 그것에 대한 상속자로 여겼다. 단지, 한 번만(갈 6:16) 바울은 교회를 "하나님의 이스라엘"이라 부르지만, "우리는 할례자이다"(빌 3:3)라고 주장할 때, 그리스도인을 아브라함의 씨라고 부르거나(갈 3:29) 또는 교회를 야생의 새순을 가진 올리브나무(롬 11:17-24)라고 할 때, 그는 하나님의 진정한 백성으로 교회를 생각하고 있다. 이러한 구절은 옛 하나님의 백성과 함께하는 교회의 연속성을 강조한다. 그러나 새 피조물에 못지않은 교회는 최후의 만찬에서 새로운 언약의 피에 의해 재구성되고, 부활과 성령의 선물에 의해 태어난 새로운 피조물이다. 이 새로운 피조물 때문에 낡은 의식적인 법은 더 이상 유효하지 않고 유대 인과 이방인 사이를 나누는 장벽이 철폐되고 국적도 폐지되었다. 이제 신앙을 가진 모든 자에게 문은 열려 있어서, 그 하나님의 새 백성의 한계는 전 인류에게 열려져 있다.

같은 요구는 바울의 에클레시아(ecclesia)라는 단어의 사용에 포함되어 있다. 70인역에서 그 단어는 공동의 행동을 위해 모인 하나님의 백성을 표시했다. 스스로에게 그것을 적용함으로, 그리스도를 따르는 자들은 자기들이 하나님의 진정한 백성이라고 주장했다. 때때로 바울은 교회를 에클레시아(ecclesia)라고 부른다. 때때로 그는 "에클레시에" (the ecclesiae)라는 복수형으로 말한다. 때때로 그가 에클레시아 (ecclesia)를 말할 때 그리스도인들의 전체 숫자를 의미한다. 종종 바울은 고린도나 갈라디아가 첨가된 단어로 지방의 회중을 언급하기도 한다. 그러나 기억해야 할 점은 바울에게 하나님의 백성이 중요하다는 것이다. 각 지방 회중은 성령의 능력 안에서 그리스도를 통하여 그를 경배하는 하나님의 선택된 사람들의 노출된 큰 무리이거나 실체다.

사도 바울의 교회에 대한 가장 특징적이고 근본적인 명칭은 "그리스도의 몸"이다(롬 12:4 상반절; 고전 12:12 하반절; 골 1:18, 24; 2:19 그리고 에베소서의 여러 곳을 보라). 그리스도와 관련하여 교회를 정의하고 있는 이 명칭은 바울의 교회론이 그의 기독론의 한 지류라는 것을 보여준다(종종 말했던 것처럼, 말하자면 교회가 성육신의 연장이 라는 것은 그것을 규정하는 한 위험한 방법이다. 말씀이 육신이 되었다 는 것은 죄가 없다는 것인데 교회는 그렇지 않기 때문이다).

언제부터 바울이 그 이름을 취했는지는 확실히 알 수 없다. 하나의 추측은(Rawlinson) 그가 기독교인들이 그리스도의 육체를 의미하는 하나의 떡에 참여함으로 한 육체라는 성만찬의 이미지에서 그것을 도출 했다는 것이다. 바울은 여기서 "떡이 하나요 많은 우리가 한 몸인 것은 우리가 다 한 떡에 참예하기 때문이라"〈(고전10:17)(W.L. Knox와 다 른 사람들이 찬성하는)〉고 말한다. 다른 추측은 바울이 공동체의 유익 을 묘사하기 위해 소마(soma)라는 단어에 대한 보다 오래된 스토아 학 파가 사용한 용어를 채택했다는 것이다. 그의 원 자료가 무엇이든 간에 바울은 문자적으로 소마란 용어를 "그리스도 안으로"라는 이 표현으로 세례받게 했다. 이는 그의 용법에서 강조는 "그리스도로부터"(of Christ)라는 말에 있기 때문이다. 그리스도인들은 그의 부활 생명의 활 동 영역인 그의 몸이란 말이다.

의심할 여지없이 '집단적 인격체'의 히브리적 개념은 바울로 하여금 이러한 방향으로 생각하게끔 도왔다〈"사울아, 사울아, 왜 나를 핍박하 느냐"(행 9:4)는 부활하신 그리스도와 그의 백성 사이의 연대성을 가리 킨다〉. 바울의 가르침을 이해하기 위해 우리는 인간의 육체는 그가 외 적 세계와 의사 소통하는 도구일 뿐만 아니라 초대 교회 그리스도인들 이 성령을 통하여 그들의 공동체 안에서 생생하게 역사하시는 그리스도 에 대한 감각을 가지고 있었다는 것도 기억해야 한다. 그래서 바울은 교회를 부활하신 주님의 몸으로 생각했다. 주님의 몸 곧 사회적 유기체는 부활하신 그리스도에 의해 살고 한때 그의 물리적인 육체가 갈릴리와 유대에서 행했던 것처럼 세상에서 그의 목적을 수행하는 많은 회원들을 만들었다.

바울이 (주님의)몸 신학을 창안해 냈을 때, 이것은 수직적이고 수평적인 관계 둘 다를 가지고 있다. 한편으로, 주님의 몸은 주님에게서 몸의 생명력(골 2:19)을 끌어온 그 몸의 (주님의)머리와 구원주(골 1:18; 엡 1:22)로서 그리스도를 존경한다. 또 한편으로, 그리스도의 몸 안에 있는 자들은 서로가 다양하지만 전체의 유익을 위해 모두에게 필요한 은사를 가진 회원들이다(롬 12:4 하반절; 고전 12:12 하반절).

이 교리의 깊이와 풍부함은 분명하다. 주님과 신자와의 친밀함을 강조하는 반면, 이 교리는 그리스도의 머리 되심을 강조한다. 이 교리는 상호 의존성을 분명히 밝힌다. 그리고 이것은 세상에서 그의 목적을 수행하도록 예정된 조직으로서의 교회의 소명을 — 에베소서에서 매우 정교하게 묘사된 소명 — 잘 설명한다. 그리스도를 통하여 모든 인간이 그에게 화해될 때까지 땅 끝까지 하나님의 통치를 전파하기 위해 교회는 소위, 주님처럼 섬김과 고난에 의하여 부름받은 예수의 메시아적 사역의 계승자이다.[22]

4

그리스도의 몸으로서의 교회의 교리는 그것이 상징되었던 의식으로 인도한다.

바울에게 성만찬은 새 생명의 "초자연적[23] 음식과 음료"였다(고전

---

22) T.W. Manson, *The Church's Minisrty*, 24페이지를 보라

10:3). 세례가 초기의 의식이었듯이 만찬도 계속되는 교제의 의식이었다. 여기 한 행위 즉, 주의 명령에 대한 순종이 반복된 행위에서 교회는 그리스도와 함께 그리고 그리스도 안에서의 교제로서 성만찬 자체를 인식하게 되었다.

우리의 자료들은(고전 10:1-4; 14-22; 11:17-33)은 해석하기에 분량이 부족하고 어렵다. 하지만, 분명히 사도들에게 성만찬은 기념식사 그 이상이었다. 이것은 과거와 현재와 미래의 국면을 포함하는 성례전이었다.

첫째, 이것은 그리스도 죽음의 보이는 말씀(verbum visibile)이라는 선언이었다. "너는 주의 죽음을 선포한다"고 바울은 고린도교인들에게 말했다. 그 의식은 십자가 위에서 그리스도의 '성취하신 사역'에 의존했고, 그것에 대해 회고했다.

그러나 이것은 신성한 회고 이상이었다. 이것은 못박히심으로 그의 인격 속에 살아 계신 그리스도와 함께하는 친교였다. 이것은 고린도전서 10장 16절의 의미이다. "우리가 축복하는바 축복의 잔은 그리스도의 피에 참예함이 아니며 우리가 떼는 떡은 그리스도의 몸에 참예함이 아니냐?" 친교(koinonia)의 근본적인 사상은 다른 사람과의 연합의 개념이라기보다는 다른 사람이 또한 나누는 그곳에서 무언가를 나누는 개념이다. 그 어떤 것은 여기서 무엇인가? 이것은 첫째 "그리스도의 피"이다. 그의 구속적인 죽음에 대한 생생한 은유이다. 그리고 둘째, 이것은 "그리스도의 몸"이다. 즉, 그리스도의 인격이다. 그리스도인들이 이 음식과 음료에 참여할 때(바울이 말하려 했던 것이다.) 구속자 그리스도와 (그가 그 다음절에서 덧붙인 것처럼) 그리고 다른 사람과 함께 가

---

23) *pneumatikos*를 바울이 물질적 실체를 말하기 때문에, "영적"이라 함은 잘못된 번역이다.

장 친밀한 교제가 구축되는 것이다. 그리스도는 이 식탁에서 주인이고 예배자들은 주님께서 그들을 위해 성취했던 모든 것을 나눈다. 여기서 "신적인 물질주의와 신적 사회주의가 하나로 결합한다." 왜냐하면 빵을 먹고 포도주를 마심으로 그리스도는 그들의 가운데 있고 그리고 그들은 결과적으로 하나의 몸이 된다.

그러나 셋째, 그 만찬은 예언이었다. 그것은 미리 맛봄이었으며, 또한 그것은 '그가 오시기까지' (고전 11:26) 영광 가운데 장래의 완전한 친교를 가리키는 것이었다.

5

우리는 마침내 새로운 삶의 도덕적 문제, 즉 바울의 윤리에까지 이른다. 바울에게는 "진리는 항상 선을 위한 진리이다." 다른 말로, 기독교 윤리는 기독교 교리로부터 자란다. 하나는 뿌리이고 다른 하나는 열매이다. 그래서 전형적인 예를 들자면, 골로새서 1-2장은 신학을, 골로새서 3-4장은 윤리를 취급한다. 이 두 개의 장은 "만약 네가 그리스도와 함께 살리심을 받았으면, 위에 것을 찾으라."라고 시작되는데 첫째는 교리이고, 그 다음은 그것으로부터 도출되는 도덕적 문제들이다 — 이것이 바울의 방법이다. 그가 말하는 것은 사실상 이것이다. "너는 지금 그리스도 안에서 새로운 피조물이다. 네가 새로운 피조물로 행동하는지를 확인하라."

그 다음 문제는 바울은 고전적 패턴을 언급함에 있어서 조직적 도덕주의자가 아니다. 그는 그리스 도덕주의자들처럼 최고의 선으로서의 하나님(*summum bonum*)에 대해서 말하거나 기본 도덕의 목록 — 정의, 신중, 절제, 그리고 인내 등등 — 을 편집하지 않는다. 바울에게 있어서 기독교적 삶은 성령 안에서의 삶이고, 그리스도인의 최종 목표는 그리스도와 같아지는 것이다. 기독교인의 행동 방식은 그리스도 안에서 하나님에 의해 주어진 새로운 영이 지배하는 삶의 자발적인 표현이다. 이것은 외적인 법조문이나 통제를 위한 법으로부터 자유의 생명이다. 왜냐하면 외적인 통제는 없고 내적인 통제 ― 성령의 통제 ― 가 작용하기 때문이다. 그러나 이것은 도덕률 폐기론이 아니다. 왜냐하면 성령은 인간이 따를 행동의 합당한 과정을 정하기 때문이다. 그리고 정의는 성령을 따라 행하는 사람들에 의해서만 법의 요구에 집행된다(롬 8:4). 더구나, 만약 그리스도인이 자유하다면, 그의 자유에는 제한이 있다. 만약 "모든 것들이 허락된다면" 모든 사람은 자기 자신의 이익만을 추구하는 것이 아니라 다른 사람의 이익을 추구하고(빌 2:4), 사랑은 자유에 대해 우선 순위를 가지고 있음에 틀림없다. "그러므로, 만일 식물이 내 형제로 실족게 하면 나는 영원히 고기를 먹지 아니하여 내 형제를 실족지 않게 하리라"(고전 8:13).

그것의 표준 없이는 성령에 의해 인도함을 받는 삶이 아니다. 그리스도는 최고의 표준이다. 그리고 세 개의 유명한 구절에서 바울은 기독교인이 본받아야 할 것을 강조한다. 로마서 15장 3절에서 우리는 "그리스도는 자신을 기쁘게 하지 않았다"라는 말을 듣는다. 우리도 또한 더 이상 자신을 기쁘게 하지 않을 것이다. 고린도후서 8장 9절에서 고린도인들에게 관대하라고 권고하면서 바울은 "우리 주 예수 그리스도의 은혜를 너희가 알거니와 부요하신 자로서 너희를 위하여 가난하게 되심은 그의 가난함을 인하여 너희로 부요케 하려 하심이니라"고 말한다. 그리고 빌립보서 2장 5절에서 그리스도의 자기 부인은 바울의 독자들을 위한 하나의 삶의 방식이 된다. "너희 안에 이 마음을 품으라 곧 그리스도의 예수의 마음이니" ― 종의 형태를 취하기 위해 "하나님의 형태"를 포기했던 그리스도의 마음을 품어야 한다.

바울의 윤리의 지배적인 원리는 하나님의 사랑(agape)이다. 아가페란 말은 설명하기가 어려운 단어인데 이유는 '자선'(charity)은 요즘 그 의미에서 매우 제한적이기 때문이고 '사랑'은 헐리우드에서부터 천국까지 모든 종류의 애정을 망라할 수 있기 때문이다. 만약 우리가 번역상 '사랑'을 계속 사용한다면, 영어 단어 '돌봄'(caring)은 종종 가장 가까운 의미가 된다.

그의 주님처럼, 바울은 아가페(agape)를 도덕의 만능 열쇠가 되게 했다 (목회 서신을 제외한, 그의 서신에서 명사와 동사가 약 95회 나타난다) 예수께서 주셨던 유일하고 보편적으로 유효한 개념이 '너는 사랑해야 한다' 였던 것처럼, 바울은 주님의 마음으로 말하기를 이러한 영적 선물 중에 가장 큰 것은 사랑이다(고전 13:13)라고 말한다. 이 모든 것 위에 사랑을 더하라, 이는 온전하게 매는 띠니라(골 3:14). 사랑은 사실 율법의 완성이다(롬 13:10; 참조, 갈 5:14) 왜냐하면 그 충동 아래서 행동하는 사람은 누구나 훔침으로, 죽임으로, 탐냄으로 또는 간음으로 그의 이웃을 상하게 하기를 바라지 않을 것이기 때문이다.

아가페(agape)는 무엇인가? 그것은 요구하는 사랑인 에로스(eros)가(신약에 기초를 두는 단어는 아니다) 아니라 갈망이나 욕망이 가장 낮은 사랑이다. 그것은 필리아(philia), "즉 우정적 사랑인 다윗과 요나단 같은 가족적인 마음으로 묶인 사랑과도 다르다. 아가페는 소유하려고 구하는 것이 아닌 주려는 사랑이다. "에로스는 모두를 갖는 것, 필리아는 주고받는 것, 아가페는 모두 주는 것"[24] 이다. 그것은 단순한 감정이나 정서가 아니라, 오히려 우리의 동료들을 위한 새로운 삶의 방식이다. 왜냐하면 하나님은 그리스도 안에서 우리를 너무나 사랑하셨기 때

---

24) G.B. Caird.

문이다. "우리가 사랑하는 것은 그가 우리를 먼저 사랑하셨기 때문이다." 그것은 지식을 넘어선 사랑으로서 그리스도 안에서 드러난 마음의 반응이다. 그것은 그리스도인들이 그들의 동료들 사이에 빛을 발하기 위해 요구되는 힘이다. "지식은 교만하게 하고 사랑은 덕을 세운다"(고전 8:1)는 것을 기억하면서 그들은 "사랑 안에서 참된 것을 하는 것이다"(엡 4:15). 그 나머지를 위해서는, 사랑의 필요성, 특성, 불변성은 사도 바울의 고린도전서 13장의 사랑장에서 영원한 것으로 묘사되고 있다.

그러면 바울에게(Henry Drummond처럼) 있어서 사랑은 "세상에서 가장 위대한 것"이었다. 도덕가들이 요구하는 보편적인 견해인 "선"(the good)은 "성령의 열매"(갈 5:22)에 대한 그의 묘사에서 보여 주고 있다. 첫째 '사랑'이고 다음은 희락인데 이것은 단순히 삶에 대한 즐거움(joie de vivrer)이 아닌 삶이 선 자체를 의미하는 깊은 감정이다. 그 다음은 화평인데 이것은 하나님과의 올바른 관계에서 분출되어 나오는 마음의 평온함이고, 다음은 참지 못함의 반대어인 '오래 참음'(makrothumia), 다음은 '자비'(kindness), 다음은 '양선'(goodness)으로 이것은 추가된 의로(롬 5:7), 사랑에 의해서 제공된 것이다. 그 다음은 '충성'(faith)인데 즉 성실성, 신뢰성을 말한다. 다음은 다른 사람을 배려하는 '온유'(gentleness) 그리고 마지막으로 우리의 '자제'와는 훨씬 넓은 범위의 단어인 '절제'(enkrateia)가 있다.

바울의 마지막 밀은 사회 윤리에 관한 것이다. 그의 교회들에서 특히 고린도교회에서의 특정한 도덕적 문제들에 관한 긴급성은 바울 사도로 하여금 특정한 의무와 방향을 제시하게끔 했다. 때때로 이 판단들을 함에 있어서 바울은 그 시대의 남자로서 많은 것을 제시한다. 적대자들과는 달리 그는 자주 거룩하고 보편적인 감각으로 우리를 감탄하게 한다.

우리는 그가 가족, 여자, 결혼, 노예와 국가에 대하여 무엇을 이야기해야 했던 것에 주목하자.

다수의 편지에서 그는 남편과 아내, 부모와 자녀, 주인과 노예 사이의 관계를 통제하기 위한 '가족 규칙'을 썼다. 이것의 대부분은 사도 시대의 교리 문답집에서 왔다. 윤리적, 물질적 몸은 헬레니즘식 유대교에서 왔으나 로마서 12장과 14장에서 보듯 예수의 도덕적 가르침에 의해 적합하게 기독교화되었고 강화되었다.

바울의 여자에 대한 관점은 때때로 '열등한 존재'로서의 동시대의 평가보다 위에 있지 않는다(고전 11:3,9; 엡 5:23). 그러나 갈라디아서 2장 28절에서 그는 믿음의 논리가 그를 인도해야 하는 곳을 알고 있었다는 것을 보여 준다. "너희는 유대 인이나 헬라 인이나 종이나 자유자나 남자나 여자 없이 다 그리스도 예수 안에서 하나이니라." 비평가들은 고린도전서 7장에서 바울이 결혼을 '최선의 다음'으로 여긴다고 말했다. 이것은 분명히 정당한 주장이긴 하지만, 우리는 바울이 더 인간적이고 진실하다고 주장하는 것이 더 좋을 이유가, 에베소서 5장 21절과 23절에서 "남녀간의 순수한 사랑은 그리스도의 신성한 사랑의 한 성례전이고 그것이 신성케 되는 결혼 관계는 분리시킬 수 없다"라고 그리스도인에게 가르치고 있기 때문이다.

또 그가 노예 제도를 비난하지 않고 그 제도의 설립을 방관하는 것은 많은 사람들에 의해 비난받아 왔다. 그러나 그는 주인에게 노예를 위한 공평한 조처를 요구한다. "상전들아 의와 공평을 종들에게 베풀지니 너희에게도 하늘에 상전이 계심을 알지어다"(골 4:1). 그리고 그는 도망자 오네시모의 문제의 처리를 진정한 그리스도인의 해법으로 방법을 제시한다. "그를 다시 받으라." 그는 빌레몬에게 충고한다. "더 이상 종과 같지 아니하고 사랑받는 형제니라."

마지막으로 그는 한 구절에서 국가에 대한 그리스도인의 태도를 말했다(롬 13:1-7). 그리스도인들은 위에 있는 권세들에게 굴복하고 그들에게 공세를 바쳐라. 법률을 지키는 사람의 강력한 동맹자로서, 그리고 반사회적인 사람의 적으로서 국가가 하나님의 뜻을 수행하고 신에게서 기름부음을 받았다고 묘사될 수 있다.

Ⅳ. 미래 희망으로서의 구원
(Salvation as a Future Hope)

"우리가 구원을 받았다.", "우리는 구원을 받고 있다.", "우리는 구원을 받을 것이다." 이것은 구원의 세 가지 시제이다. 브룬너[25]가 말했듯이, 기독교인이 되는 것은 "이미 일어났고, 일어나고 있고, 앞으로 일어날 어떤 것을 공유하는 것"이다. 이제 우리의 관심은 세 시제 중 세 번째에 있다. 장차 일어날 것과 그리고 그리스도 안에서 이제 인간이 즐기는 새 생명의 완성과 관련이 있다.

바울은 종말(the Last Things)에 대해 무엇을 말했는가? 바울의 편지에는 종말론이 많이 있다. 그러나 미래의 사건의 시간표를 가진 하나의 분명하고 변치 않는 어떤 계획도 결정적으로 고정되어 있지 않았고, 보이지 않는 세계의 어떤 지형도 정확하게 도표로 그려져 있지 않았다. 정말로, 이런 고상하고 신비한 문제들에 있어서 그 사도의 통찰력은 해가 지날수록 깊어졌고 발전되었던 것같이 보인다. 데살로니가 전·후서(대략 주후 50년경에 쓰여짐)와 같은 초기 편지에서 우리를 놀라게 한 것은 유대 묵시문학에서 영향 받은, 긴박하고 극적인 그리스도의 재림(Second Advent)에 대한 바울의 희망이다. 약 12년 후에 쓰여진 그의 옥중 서신에서는, 그리스도의 재림의 희망이 남아 있지만 바울은 그리스도인이 이미 즐기고 있는 신적 축복에 관해 더욱더 길게 쓰고 있다.

---

25) *Man in Revolt*, p.494.

그때까지, 사도는 그의 모든 글 속에 기독교적 희망에 대해 확실하고 크고 분명한 신념을 가지고 있다. 그리고 우리가 관심을 가지고 있는 것은 세부 사항보다는 오히려 다음과 같은 것들이다.

1. 우리의 첫번째 요청은 초대 모든 그리스도인들처럼, 바울에게도 종말은 진정한 의미에서는 이미 여기 도래했다는 것이다. "때가 찼다"는 시간은 왔고, 종말(the *Eschaton*)이 시간 속으로 침입하여 들어왔다. 그리스도는 죽었다가 다시 살아났고 만물의 새 질서는 시작됐다. 비록 그의 왕권이 숨겨져 있을지라도 하나님의 오른편에 계셔서 교회와 세상을 통치하신다. 미래는 진정한 면에서 현재가 되었다. 근본적으로 그리스도인들은 그의 영광스러운 상속을 향하여 들어가기 시작했다. 심지어 지금도 그는 하나님의 사랑을 소유하고 있고, 올 예정인 어떤 것도, 이 세상에 있거나 세상 밖에 있는 어떤 것도 그를 빼앗을 수 없다. 이미 기독교인들은 '그리스도와 함께 일어났고' 어둠의 왕국에서 하나님의 사랑하시는 아들의 왕국으로 옮겨졌다. 그들은 이미 "무죄가 되었고" 심판날에 하나님의 마지막 판결을 기다릴 필요가 없다. 이미 그들은 완전한 구속의 보증인 마지막 날에 약속된 영을 소유하고 있다. 그러나 그들은 여전히, '육체 안에' 있기 때문에 구속은 완전하지 않고 그들은 여전히 세상에 존재하는 악의 모든 권세들에 대항하여 분투하면서 두려움과 떨림 속에서 자신들의 구원을 성취하도록 아직도 부름을 받고 있다. 그러나 '그들의 하나님과의 평화'의 감각 즉 부활하시고 통치하시는 그리스도와 함께하는 그들의 신앙생활, 그리고 성령의 열매들은 그리스도의 오심으로 도래한 왕국의 축복을 그들이 이미 즐기고 있다는 확실한 표시이다.

은혜의 사람들이 이 땅에서 시작된 영광을 발견했다.

(만약 바울의 초기 편지에서 현저하지 않다면 이것은 바울의 독특한 가르침이다. 만약 당신이 데살로니가전·후서를 거의 확실한 그의 마지막 편지 중의 하나인 골로새서와 비교한다면 당신은 강조의 변화를 주목할 수 있다. 데살로니가 전·후서에서 강조는 미래에 있는데, 종말에 대한 바울의 그림은 — 나팔소리, 천사장의 소리, 화염, 등 — 유대교 묵시문학의 상투적인 색깔로 채택되어 있다. 이것은 골로새서에서는 매우 생소하다. 바울이 표현한 대로 비록 그리스도인들의 최후 축복의 희망이 "하늘에 있지"만 우리의 생명이신 그리스도께서 나타나실 때까지 기다려야 한다고 할지라도, 그리스도인들은 이미 그리스도와 함께 부활하여 그리스도의 왕국에 있다)

2. 그러나 바울의 종말론은 모두 실현되지 않았다. 즉, 실현은 아직 미래로 남는다. 그리스도 안에서 하나님의 행위를 통해 발생했던 것 즉, 그가 지금 경험하고 있었던 것은 단지 전주곡이었고 훨씬 더 영광스러운 어떤 보증이 남아 있다. 만약 D-Day가 동이 텄다면(Cullmann의 비유를 빌리자면), V-Day의 도래 즉, 최후 승리의 날이 도래함은 분명하다. 그를 위해 거기서 빛났던 밤 하늘의 별처럼, 현재의 모든 축복을 인식하는 중에 즉, 마지막 구속의 날에 대한 희망의 한복판에서 — 그리스도의 날 또는 파루시아 — 그리스도가 영광 가운데서 나타나실 때 죽은 자가 일어나고 심판이 시작될 것이고 믿는 자는 영광과 명예와 영생을 얻을 것이다.

어떤 면에서 그의 보다 초기의 편지에서 바울은 그날이 곧 올 거라고 기대했다는 것은 분명한데 — 그의 생전에 — 종말이 조만간 온다면, 이것은 죄와 죽음의 파멸을 의미하고 그리스도 안에서 사람들을 구원하고자 하시는 하나님의 목적이 완성되는 것을 의미할 것이다.

그리스도의 "왕으로 오심"의 이러한 희망은 그의 모든 편지에 스며 있고 – 주요 구절은 데살로니가전서 4장, 데살로니가후서 1-2장, 고린도전서 15장, 고린도후서 5장이다 – 바울이 일차적으로 선교사였지 조직 신학자가 아니라는 점과 그가 종말의 관하여 다양한 시간에 관하여 그가 말해야만 하는 모든 것들을 조화로운 하나로 통합시킨다는 것이 쉽지 않았을 것이라는 점을 감안하면, 어떤 것들은 아주 분명하다.

첫째, 바울은 주로 개인적 불멸을 생각하는 것이 아니라 우주적 구원을 생각하는데, 그 한 구절 – 롬 8:8-25 – 에서 그의 희망은 "하나님의 아들들"의 구속뿐만 아니라 전 피조물의 회복도 포함하고 있다.

둘째, 회복은 심판을 포함해야 한다. 바울이 말하기를 "하나님은 그리스도 예수로 인간의 비밀한 것들을 심판할 것"이다〈(롬 2:16). 로마서 14장 10절에서 바울은 하나님의 심판대를 말하고, 고린도후서 5장 10절에서 그리스도의 심판대를 말한다〉. 이 모두는 고려되어야 한다. 단지, "그리스도 예수 안에 있는 자에게 결코 정죄함이 없나니"(롬 8:1). "누가 능히 하나님이 택하신 자를 송사하리요"(롬 8:33). 하나님의 은혜에 의해 무죄가 된 그리스도인들은 그 확신 속에서 심판대 앞에 설 수 있을 것이다. 마지막으로, 그의 재림은 그리스도와 그의 성도들의 공개적 승리를 – 부활절 승리의 숨김을 공개적으로 드러내는 것 – 그리고 모든 악의 패배 그리고 하나님께서 '무엇보다도 중요한 분' 임을 의미할 것이다.

3. 바울의 종말론에서 세 번째의 주요한 요점은 이것이다. "그리스도와 함께 있는 것" 이 세 단어가 바울의 기독교적 희망의 핵심을 세 단어로 쓸 수 있는 것이다.

많은 형제들 중에서 첫번째로 태어난 그리스도는 이미 부활하셔서 통치하고 있다. 그는 '첫열매' 이다. 그에게 일어났던 것은 "그리스도 안에" 있는 사람들에게도 또한 일어날 것이다. 왜냐하면 우리는 그리스도와 함께한 상속자이고, 만약 우리가 그리스도와 죽으면, 우리는 그와 함께 살 것임을 믿기 때문이다(롬 6:8). "그리하여 우리가 항상 주와 함께 있으리라"(살전 4:17). "떠나서 그리스도와 함께 있을 욕망을 가진 이것이 더욱 좋으나"(빌 1:23). "'그리스도와 함께' 있다는 것을 의미하는 미래는 '그리스도 안에' 있는 것을 의미하는 현재의 최절정이다."라고 말하여 지기 때문이다. 그리고 이것이 첨가되어야 하는데, 이 희망은 그리스도와 함께 있는 것뿐만 아니라 그처럼 되는 것이다. 왜냐하면, 그리스도인의 운명은 "그 아들의 형상을 본받게" 되는 것이기 때문이다(롬 8:29; 참조, 요1서 3:2).

4. 만약 기독교인의 희망의 핵심이 그리스도와 함께 있는 것이라면, 그것의 비밀 – 그것의 조건 – 은 '그리스도 안에' 있는 것이다. "아담 안에서 모든 사람이 죽은 것같이 그리스도 안에서 모든 사람이 삶을 얻으리라"(고전 15:22). "예수 안에서 자는 자들도 하나님이 저와 함께 데리고 오시리라"(살전 4:14; 참조, 롬 8:11). 그러나 광범위하게 어떤 인간인가? 어떤 반란자와 배교자인가? 데살로니가전 · 후서에서 바울은 그리스도를 거절하는 사람들에게 있어서는 '영원의 파괴' 밖에 없다는 것을 미리 내다볼 수 있었다. 그러나 그가 7년 후에 로마서를 쓸 때, "육체를 따라난 그의 동족이" 결국 멸망받을 것이라고 믿기를 꺼려하고 그는 "일종의 더 큰 희망"으로 옮겨간다(롬 11:32). 바울에 의하면 "만물 곧 하늘에 있는 것들이나 땅에 있는 것들은 그로 말미암아 자기와 화목되게 하려는"(골 1:20; 참조, 엡 1:10) 하나님의 목적이 나타나 있는 골로새서와 에베소서에서 더 넓히는 것처럼 보이는 견해다. 그러나 현대 교리적인 면에서 그가 '만인 구원론자'라는 증거로서 바울이 '하나

님이 모든 자들에게 자비를 베풀 것"이라고 하는 이 대목을 해석의 근거로 삼는 것은 위험하다. 다른 곳에서(고후 2:13 하반절), 바울은 "구원얻는" 사람들과 "멸망당하는" 사람들을 구별하고, 개인보다는 오히려 종족적인 관점에서 생각하고 있다. 그의 죄가 무엇이든지 간에 모든 사람이 결국 자비를 얻어 하늘에 이를 것이라는 교리적 주장을 찾으려는 것은 아마도 바울의 진실도 아니고 신약의 다른 부분에도 확실하게 없는 어떤 것을 말하려는 것이다.

5. 그리스도인의 천국 생활의 형태는 "영적인 몸"이다(고전 15장; 고후 5:1 하반절; 빌 3:20 하반절).

바울은 장차 나타날 생명은 하나님의 선물이지, 사람의 본성적인 소유가 아니다(그리스어가 주장하는 것처럼)라고 주장한다. 그의 관심과 희망은 영혼의 불멸이 아니라 몸의 부활이다. 그러나 그가 '몸'(soma)이라는 단어를 사용할 때 그는 우리의 육체적 체질의 어떤 원기 회복에 대해 희망하는 것처럼 그것을 생각하지 않는다. 그는 명백하게 말하기를 "혈과 육은 하나님 나라를 유업으로 받을 수 없고"(고전 15:50)라고 한다. 바울에게 '몸'은 세월을 통해서 그리고 본질의 모든 변화를 통해서 존재하는 인간 정체성의 유기적인 원리이다. '유기체' 또는 '구조'는 아마도 그 의미를 가장 잘 전달한다. 이제 몸은 표현의 물질적인 수단을 가지고 있다. 장차, 하나님은 하늘의 세계에 알맞는 새로운 부활체를 주실 것이다 ─ 영광이 육체, 영적 육체. 우리의 낮은 육체들은 그리스도의 영광스런 육체를 닮도록 변화될 것이다(빌 3:21) ─ 그가 다메섹 도상에서 보았던 또 다른 세계의 영광으로 옷 입혀진 몸이다. 왜냐하면, "우리가 흙에 속한 자(아담)의 형상을 입은 것같이 또한 하늘에 속한 자(그리스도)의 형상을 입으리라"(고전 15:49)고 했기 때문이다. 바울의 견해 중에서 우리는 두 가지 것을 말할 수 있다.

첫째, 인간 존재가 죽은 후에는 유령으로서가 아니라 자아 표현을 위해 필요한 모든 다른 사람과 의사 소통할 힘을 가진 자로서 새롭게 된다는 것을 우리에게 확신케 한다. 둘째, 이것은 희랍의 관점과 유대교의 관점 둘 다의 결점을 피한다. 혼의 불멸이라는 희랍교리는 영성을 안전하게 했지만, 개인의 정체성을 위험하게 했다. 유대교리는 정체성은 보존했지만 영성을 위험하게 했다.[26]

그 위대한 변화는 언제 발생하는가? 데살로니가전서 4장 15절에서 17절처럼 고린도전서 15장 51절 이하에서, 바울은 "그리스도의 날"에 그 위대한 변화를 기대한다. 그러나 고린도후서 5장 1절 이하에서 분명히 그는 새로운 육체로 옷 입게 되는 때는 죽을 때라고 주장하고, 빌립보서 1장 23절에서 그는 "주와 함께 떠나 있는 것"을 말한다. 그러나 그 변화가 언제 오더라도, 그 몸의 구속은 확실하다.

종말에 관한 그의 가르침에서 바울은 "우리가 부분적으로만 안다"는 것과 우리의 지식이 여기서 불분명한 거울을 통한 모습 같다(고전 13:12)는 것을 알고 있다. 마지막에 하나님께서 가장 귀한 분이 되실 것처럼, 그리스도께 속한 모든 사람들은 그 완전한 구원을 기다린다고 바울은 확신한다. 더 이상 바울은 언급하지 않는데, 강한 믿음은 세부적인 것에 대해 궁금해하지 않기 때문이다. "이 썩을 것이 불가불 썩지 아니할 것을 입겠고 이 죽을 것이 죽지 아니함을 입는다"(고전 15:53)는 것을 아는 것으로 족하고 하나님과 함께 영원한 안식이 있으리라.

---

26) J. S. Stewart, *A Man in Christ*, p.268.

V. 구세주

우리는 지금까지 바울의 구원론을 약술했다. 그의 구원론의 원천은 하나님이고 그것의 중재자는 그리스도였다. 그는 말하기를 "우리에게는 한 하나님 곧 아버지가 계시니 만물이 그에게서 났고 우리도 그를 위하여 또한 한 주 예수 그리스도께서 계시니 만물이 그로 말미암고 우리도 그로 말미암았느니라"(고전 8:6)라고 한다. 바울이 위대한 기독론자(Christologos)라기보다는 위대한 그리스도 선포자(Christophoros)[27] 라는 것을 기억하면서 — 바울의 주요 관심사는 조직 신학자로서 그의 본성을 드러내기보다는 오히려 복음 전도자로서 그리스도를 가르치는 것이다 — 우리는 마지막으로 바울이 그리스도를 어떻게 생각하는지 질문해야 한다.

우리가 그 대답을 시도하기 전에, 우선 부딪혀야 할 두 가지 질문이 있다. 첫째는 이것이다. 바울은 그의 사역과 말씀들을 통해 복음서를 통하여 우리에게 알려진 역사적 그리스도를 얼마나 많이 알고 있었나? 바울 신앙의 눈은 살아 계시고 보좌 우편에 앉아 계신 주께 고정되어 있고, 그는 그의 편지에서 상대적으로 예수의 사역에 대해서 조금 말하기 때문에, 예수에 대해 거의 모르고 있었다는 견해가 널리 퍼져 있다. 우리는 이것이 매우 개연성이 없다고 생각한다. 이 질문이 토의되었을 때,

---

[27] Deissmann, 「예수의 종교와 바울의 신앙」, p.189.

바울의 글들은 서신서였지 복음서가 아니었다라는 것과 그의 독자는 케리그마(kerygma)를 이미 들었던, 그래서 그리스도에 관한 주요 사실들을 이미 알았던 개종자들이었다는 아주 명백한 사실을 기억하는 것이 중요하다. 우리는 또한 바울은 그의 친구들과 보좌하는 사람들(단지 셋만 말하자면, 요한 마가, 시몬 베드로, 주의 형제 야고보) 사이에 포함되었는데 그들은 예수의 지상 사역 기간 동안에 눈으로 예수를 목격한 증인들이었고, 바울이 그의 개종 전에 이미 가졌었던 예수에 대한 지식을 정정하거나 보충해 줄 수 있는 사람들이었다. 마지막으로, 서신서 그 자체를 인내심 있게 체로 걸러서 모아 놓은 것은 역사적 예수에 대한 많은 정보를 망각하나 과소 평가할 수 있다는 것을 기억해야만 한다.

그런 면에서 요약해 보자. 예수는 한 사람(갈 4:4)이었고, 다윗의 가문에서 태어났다(롬 1:3). 그에겐 형제가 있었다(갈 1:19; 고전 7:5). 그의 지상에서의 삶은 가난한 사람들을 위한 사역이었던 것처럼(고후 8:9) 그의 사역은 유대 인들을 위해서였다(롬 15:6). 유대 인이 그를 죽이기 전(살전 2:15) 그는 "주의 만찬"을 개설했다(고전 11:23이하). 그는 십자가에 못박혀 죽었고 장사되었고(이 동사는 바울이 아리마대 요셉의 이야기를 알았다는 것을 가리킨다), 그리고 삼 일 만에 죽은 자 가운데서 부활하셔서 많은 증인들에게 나타났다(고전 15:3 하반절; 고후 13:4). 바울은 예수의 인성을 무시하지 않는다. 그는 온유하고 부드러웠다(고후 10:1; 참조, 마 11:29). 그의 아버지의 뜻에 복종했다(롬 5:19; 빌 2:8). 끊임없이 참고(살후 3:5) 죄를 모른다(고후 5:21). 그리고 고린도전서 13장 4절에서 7절까지 바울이 아가페의 특징을 묘사할 때 그 그림을 위한 그의 상상의 스튜디오에 누가 들어와 앉았는지 우리는 의심할 수 있을까?[28]

---

28) John Baillie, *The Place of Jesus Christ in Modern Christianity*, p.81.

그리스도의 가르침에 대하여, 바울은 필요할 때, 주의 말씀을 인용한다(고전 7:10; 9:14; 행 20:35). 다른 어디에서도 바울 자신의 가르침은 실수 없이 요점요점에 있어서 그의 주님을 반영한다. 지나치게 비판적인 판단의 죄에 관하여(롬 12:14,17; 고전 4:12), 세금을 지불하는 것에 대해(롬 13:7), 심하게 심판하는 죄에 대해(롬14:4; 10,13), 산을 옮길 만한 믿음에 대해(고전 13:2), 주의 기도에 대한 바울의 지식을 보여 주는 듯한 로마서 8장 5절, 골로새서 3장 13절, 데살로니가후서 3장 3절 같은 구절은 언급할 필요도 없다. 그러나 바울이 역사적 예수에 대해 거의 모르거나 아무것도 모른다는 주장이 얼마나 근거가 없는 것인지 지적하기 위해 충분히 인용을 했다.

우리는 이제 두 번째 질문으로 넘어가 보자. 바울의 그리스도가 어떻게 공관복음의 그리스도와 관계가 있는가?

50년 전 신학에서 자유주의가 우세할 때 하나님이 아버지 되신다고 가르치는 농민의 설교자를 바울이 우주적 구원자로 바꾸었다는 주장 — 역사적 예수와 바울의 그리스도 사이의 카다란 격차가 고착되었다는 주장이다 — 이 종종 있었다.

현재 스스로 존경받는다고 생각하는 어떤 학자도 그러한 주장을 가볍게 드러내지 않는다. "복음서의 저변에서 우리는 사도 바울에 의하여 초자연적 구세주로 변형된 인간의 형제애와 신적 부성애를 가진 한 순수한 인간 예언자를 밝힌다는 것은 오늘날 신뢰받지 못한다."[29] 여러 가지 요소들이 이러한 결론에 이르게 했다.

말하자면, 복음서 안의 종말론적 요소의 재발견과 보다 더 나은 이해는 그러한 효과를 가져다 주었다. 이것은 예수의 진보적 모습이 잘못된 것임을 보였을 뿐만 아니라 이것은 복음서의 예수가 자유주의자가 예상

---

29) Alec Vidler, 「기독교 신앙」, p.48.

했던 것보다 훨씬 더 위대한 사람임을 밝혔다. 실로 하나님은 인간을 다루실 때에 어떤 큰 위기에서 그를 중요한 사람이 되게 하는 것이다.

둘째, 복음서에서 예수의 자기 계시를 새롭게 연구했던 학자들 〈예수와 복음서의 작가 데니(Denny)처럼〉은, 독특하고 독립적인 방법으로 그 자신을 하나님의 아들인 것으로 알았던 한 사람에게로 우리를 다시 초대한다. 바울에 의해 제시된 예수의 기독론은 그 자신을 위해 만들었다는 주장의 타당성을 지지하는 것이 무가치하지 않다는 것을 알기 시작했다.

그리고 셋째, 바울과 초대 그리스도인들 사이에서 갈라진 것처럼 보이는 그 간격은 거의 연결되었다. 우리는 바울이 그리스도 안에서 얼마나 많이 그의 선배들에게 빚을 졌는지를 알았다. 만약 바울이 실제 신적인 면으로 예수를 그려 놓았고 인간이 하늘 아래서 구원받을 수 있는 유일한 이름이었다고 선포했다면, 초대 그리스도인들 또한 이에 못지않았다. 바울과 예루살렘 지도자들은 다른 문제들에 대해 충돌했을지는 모르지만 그들 사이에 기독론의 최고 문제에 대해 충돌했다는 한치의 증거도 없다. 바울이 설교했던 그리스도는 그의 선구자들이 설교했던 것과 똑같은 그리스도이다. 예수를 유대교뿐만 아니라 그가 복음화하도록 부르심을 받은 거대한 이방 세계의 종교적 열망에까지로 연관시키면서, 바울은 새로운 필요에 의해 예수를 해석했다는 점에서 바울의 그리스도는 더 큰 그리스도였다. 요약하면 역사적 기독교는 예수로부터 시작하지 바울로부터 시작하는 것이 아니다. 그러나 바울은 예수 인격의 진정한 중요성을 온전히 붙잡은 첫번째 인물이었다. 그리고 이 때문에 모든 오고 오는 그리스도인들은 그에게 빚진 자가 되었다.

이제 그리스도에 대한 바울의 관점을 공부할 준비가 되어 있다.

"내게 사는 것은 그리스도니"라고 바울은 한 번 말했다(빌 1:21). 이것은 그에게 그리스도가 하나님의 자리를 빼앗았다는 것을 의미하는가? 아니다. 오히려 창조시 행동하셨던 똑같은 하나님이신 그리스도 안에서 인간을 만난 분은 하나님이시다. "어두운데서 빛이 비취리라 하시던 그 하나님께서 예수 그리스도의 얼굴에 있는 하나님의 영광을 아는 빛으로 우리 마음에 비취셨느니라"(고후 4:6). 그러나 이 하나님은 단지 그리스도 안에서 죄악된 인간에게 확실히 접근할 수 있다. 사람은 그의 창조로부터 하나님의 어떤 것을 알 수도 있다. 그의 능력과 신성을 보라(롬 1:20). 그리고 사람은 율법 안에서 인간을 위한 그의 주권적 의지를 식별할 수 있다. 그러나 본성이나 율법에서가 아니라 단지 그리스도 안에서만 하나님은 구원하시는 분으로 알려진다. 왜냐하면 그리스도 안에서 그의 은혜의 하나님은 죄악 된 인간을 가까이 끌어당겨, 구원의 손을 펼치시기 때문이다. 그리고 이 그리스도는 바울의 편지가 모든 페이지에서 증명하는 것처럼, 과거 역사의 단순한 형상이 아니라 신앙과 성령의 능력을 통하여 믿는 자의 마음속에 내주하시는 살아 있고 구원하시는 현존자이시다. 바울은 골로새 인들(골 1:27)에게 오래 숨겨져 있었으나 지금은 드러났다고 말한 것처럼 그리스도는 하나님의 위대한 비밀이다. "너희 안에 계신 그리스도니 곧 영광의 소망이니라."

바울은 십자가에 못박혔고, 부활했고, 통치하시는 이 그리스도의 전령사이고 대사이다. 그러나 그의 '크리스토포리'(Christophory)는 기독론을 암시하고, 우리는 이제 그것을 종합해야 한다.

바울은 그리스도의 완전한 인간성을 명백하게 한나. "여자에게서 나게 하시고 율법 아래서 나게 하신"(갈 4:4), "사망이 한 사람으로 말미암았으니 죽은 자의 부활도 한 사람으로 말미암는도다"(고전 15:21), 그리스도는 "죄 있는 육신의 모양으로"(롬 8:3) 오셨다. 즉, 생명 안에서 성육신하셨지만 죄는 없다. 그러나 확실히 요점요점마다 예수의 이

름을 하나님의 이름과 교차하면서, 바울은 예수를 실제 하나님의 자리
에다 놓는다. 바울은 한 번 예수를 하나님으로 부른다(롬 9:5). 그러나
종종 그랬듯이, 만약 이러한 해석이 거부된다 해도 바울은 더욱 높임받
은 그리스도를 주장한다. 예수는 신인(the God-man)이다. "그 안에
신성의 충만이 육체로 거한다"(골 2:9). 즉 하나님께서 그 자신을 성육
신의 육체로 제한시키셨다. 만약 바울이 그리스도를 하나님 아버지에게
종속시킨다면, - "그리스도의 머리는 하나님이다"(고전 11:3; 참조,
고전 3:23; 15:28) - 바울은 구약에서 지극히 높으신 분에게 사용된
칭호들과 단어들을 그리스도께 적용하기를 망설이지 않는다(롬 10:13;
고전 1:2). 바울은 그리스도를 선재하셨던 분으로 생각한다(고전
10:4; 갈 4:4; 빌 2:6). 바울은 그리스도를 성령과 연결시키고, 비록
아마 그 둘을 일체화시키지는 않았지만, 그는 그리스도에 관하여 "마지
막 아담은 살려 주는 영이 되었나니"(고전 15:45; 참조, 고후 3:17)라
고 말한다. 그러나 아마도 그가 진술하는 주장 중 가장 주저하는 주장
은, 그가 그리스도를 창조에 대한 열쇠로 알고, 이것이 그리스도와 함께
거기에 모든 것이 있었다고 주장하면서, 그리스도를 한 우주적 역할로
할당할 때일 것이다. 바울은 "우리에게 한 주 예수 그리스도께서 계시
니 만물이 그로 말미암고 우리도 그로 말미암았느니라"(고전 8:6)고 말
한다. 만약 우리가 이것을 고린도 인들에 대한 단순한 부수적 의견
(*obiter dictum*)으로 판단하려는 유혹을 받는다면, 너무 심각하게 받아
들여지지 않을지라도 우리는 그의 중요성을 깎아 내리기에 바쁜 골로새
의 '신지론자'들의 면전에서 그리스도의 빛 안에서 전 우주를 재해석하
는 바울의 골로새서 1장 15절에서 18절에 의해 방해를 받는다.
"그는 보이지 않는 하나님의 형상이요, 모든 창조물보다 먼저 나신
자니 만물이 그에게서 창조되되 하늘이나 땅에서 보이는 것들과 보이지

않는 것들과 혹은 보좌들이나 주관자들이나 정사들이나 권세들이나 만물이 다 그로 말미암고 그를 위하여 창조되었고 또한 그가 만물보다 먼저 계시고 만물이 그 안에 함께 섰느니라. 그는 몸인 교회의 머리라 그가 근본이요 죽은 자들 가운데서 먼저 나신 자니 이는 친히 만물의 으뜸이 되려 하심이요." 이러한 말씀들을 기록했던 사람은 창조 질서에 삽입된 것이 그리스도의 인성과 주권에 대한 언급이었다고 믿었다. 결국, 바울이 예수에게 적용시킨 이러한 칭호의 세부 목록들은 거의 불필요한 것 같다.

바울은 회심의 날로부터 예수가 메시아라는 것을 의심하지 않았다 (행 9:22). "하나님의 약속은 얼마든지 그리스도 안에서 예가 되나니" (고후 1:20)라고 그는 말한다. 그러나 비록 한두 곳에서 그가 공적인 의미[30]에서 그리스도라는 단어를 사용하지만 — 가장 분명한 것은 로마서 9:5이다 — 그는 예수의 메시아이심을 증명하기 위해 그다지 노력을 하지 않는다. 왜냐하면, '마디'(*Mahdi*)라는 단어가 현대 영어 청중에게 전달된 것처럼 메시아라는 단어는 그의 이방인 청중들에게 잘 전달되었기 때문이다. 아마도 그는 어떠한 인종적, 전통적 범주도 그 구속자를 정의할 수 없다는 것을 알았기 때문일 것이다. 그는 이스라엘에가 아니라 인류에게 속한다.

그리스도에 대한 바울의 좋아하는 칭호는 '그 주'(*ho Kyrios*) 또는 '우리 주'인데 이 칭호는 이방인들의 귀에 많은 의미를 주었고 그리스도에게 높은 종교적 중요성을 부여했다.

바울은 그리스도에 대해 이것을 적용한 처음 사람이 아니었다. 아람

---

30) "바울은 서신서에서 결코 '예수는 그리스도'라고 말하지 않는다… 그는 결코 이방인들을 가르치는 데 이름의 의미에 큰 강조를 두고 있는 것 같지 않다. 그러나 사도로서 그의 모든 사역은 예수의 메시아 되심에 의해 조건 지워진다." N.A. Dahl in *Studia Paulina*, p.94.

어(aramaic)를 쓰는 교회의 표어인 마라나 타("*Marana tha*," "우리의 주여 오소서"(고전 16:22))는 바울의 선배들이 예수께 "모든 이름 위에 있는 그 이름"을 주었다는 것을 보여준다. 그리고 "예수가 주이시다"는 것은 초대 교회의 신앙 고백이었던 것 같다(참조, 롬 10:9; 고전 12:3). 70인역에서 하나님의 신성한 이름에 대해 사용했던 이 칭호는 예수를 신성의 자리에 놓았고 바울은 그의 모든 헌신적인 노력을 이것을 위하여 하였다. 이 칭호는 예수에 대한 그 자신과의 관련성을 설명한다. 예수는 주(Lord)셨고 바울은 주께 예속되어 있는 종이었다. 그리고 그의 모든 사도적 노력의 목표는 사람들을 이 관계 가운데로 이끄는 것이었다. "우리가 우리를 전파하는 것이 아니라 오직 그리스도 예수의 주 되신 것과 또 예수를 위하여 우리가 너희의 종 된 것을 전파함이라"(고후 4:5).

바울은 예수께 대한 세 번째 위대한 칭호를 가지고 있었다. 그는 "나를 사랑하사 나를 위하여 자기 몸을 버리신 하나님의 아들을 믿는 믿음 안에서 사는 것이라"(갈 2:20)라고 썼다. 예수는 "아들"이었다. 특별한 의미에서 하나님의 아들이었다.

우리는 복음서에서 예수가 자신을 그렇게 불렀다는 것을 안다(눅 10:22; 막 12:6; 13:32). 바울은 예수에게서 하나님의 아들 되심에 대한 그의 용어 사용을 결코 논쟁하지 않기 때문에 우리는 바울이 그 칭호를 예수 자신의 용례로부터 교회의 전통을 경유하여 취했다고 추론할 수 있다. 모두 합하여 그는 이것을 열일곱 번 사용한다. 때때로 이것은 단지 메시아를 의미할 수도 있지만, 다른 구절에서 이것은 단지 우리가 "유일하거나" "공유하지 않는다"로 부를 수 있다는 면에서, 예수를 하나님의 아들이라고 묘사한다.

"자기 아들을 아끼지 아니하시고"(롬 8:32).
"때가 차매 하나님이 그 아들을 보내사"(갈 4:4).
"자기 아들을 죄 있는 육신의 모양으로 보내어"(롬 8:3).
"그가 우리를… 그의 사랑하는 아들의 나라로 옮기셨으니"(골 1:13).

나머지 칭호에 대해서, 바울은 그리스도를 하나님의 "지혜"(고전 1:24; 참조, 골 1:15-17), "영광의 주"(고전 2:8)라고 부른다. 그리고 "마지막 아담"(고전 15:45 하반절; 롬 5:12-21) 즉, 첫 아담이 옛부터 있었던 것처럼 새 인류의 창시자이고 모든 것을 포괄하는 대표자라고 부른다.

이러한 칭호들(열거한 목록이 전부는 아니다)을 통해 바울이 예수 그리스도의 절대적 중요성을 표현하기 위해 얼마나 용어와 사상을 샅샅이 찾아보았는지 알 수 있다. 그의 기독론은 당시 세계에서 하나님의 구원하시는 능력을 경험했던 그 한 분에게만 주도록 요청받았던 그 지위에 관한 바울의 인식일 뿐이다. 그리스도 안에서 그는 "측량할 수 없는" 부요를 발견했다. 바울은 예수를 통하여 아버지께로의 접근을 획득했다(엡 2:18). 예수의 얼굴에서 바울은 만물을 창조하신 분의 빛나는 광채를 보았다. 만약 바울이 그리스도의 이야기가 베들레헴의 구유에서 시작되지 않았다는 것을 믿었다면 이 얼마나 놀라운 일인가? 그리고 세상과 역사를 그리스도를 향하여 진행하는 것으로 보았다면 이 얼마나 놀라운 일인가?

바울 때와는 아주 다른 정신 세계를 소유한 이십 세기를 사는 우리 그리스도인들은 사람들에게 그리스도를 선포할 적에 바울의 언어를 모두 사용할 수 없다. 사고의 틀이 변했고, 바울과 동시대 사람들에게는 이해하기 쉬운 칭호와 개념들이라도 오늘 우리 세대에게는 거리가 멀고 생소하기 때문이다. 우리의 임무는 이 시대의 표현과 사고 방식으로, 바울이 하나님의 영원한 목적에서 우리 인간들과 우리들의 구속을 위해 그에게 주었던 최고의 자리를 그리스도에게 돌리는 것이다.

"만물이 다 너의 것임이라…
세계나 생명이나 사망이나
지금 것이나 장래 것이나
다 너희 것이요 너희는 그리스도의 것이요, 그리스도는 하나님의 것이니라"
(고전 3:21-23)

제2부

오늘을 위한 바울의 복음

Ⅰ. 우리 인간의 곤경

우리는 바울이 말한 복음을 약술하였다. 이제 우리 앞에 놓인 질문은, "바울의 기독교와는 다른 시공간을 살고 있는 우리에게 무엇을 말해야 하는가와 바울의 지평에 결코 들어와 본 적이 없는 문제들로 인하여 당황해야 하느냐?"이다. 바울이 오늘의 우리 상황에도 말할 수 있는가? 혹은 그는 바로 고풍스럽게 생각하는 사람(Ein antik denkender Mensch)- 좀더 평이한 말로 하자면 성경에서 나온 용어인 '시대에 뒤진 사람'(old fogey)인가? 즉 그는 의심할 나위 없이 그 시대에는 탁월한 사람이지만 우리가 묻고 있는 질문에 대한 답을 가진 사람이라고 보기에는 어렵지 않은가?

칼 발트(Karl Barth)는 "바울은 모든 세대의 모든 사람에게 실제로 말하고 있다"고 말한다. 이것이 사실인가? 분명히 이것은 우리 시대의 많은 사람들의 견해가 아니다. 그들에게 있어서는 사도의 바로 그 이름(바울-역자 주)도 "이해하기가 어려운 많은 것들이 있는" 어떤 서신들의 저자임을 암시하고 있다. 죄에 대해 깊은 관심을 갖고 있었던 바울이 모세의 율법과 하나님의 진노에 대하여 강하게 훈련받았다는 것 그리고 결혼이나 부인이 교회에서 수건을 벗는 것을 포함한 다른 여러 가지 문제들에 대해 반감을 갖고 있었다.

그러나 심지어 바울을 '성서적 골동품'으로 평가 절하하는 사람들조

차도 때로는 그의 복음이 어떻게 이천 년에 가까운 기독교 교회 안에서 "비길 데가 없는 영적 부흥의 가장 위대한 원천"이 되었는가에 놀라움을 금치 못한다.³¹⁾ 바울은 사화산(死火山)이라면, 어떻게 그의 메시지가 아직까지 사람의 마음을 불타오르게 하는 힘을 가지고 있는가? 마치 18세기에 웨슬리의 마음을 뜨겁게 불타오르게 함으로 어둠을 밝히는 횃불로 그를 잉글랜드 전역에 보냈던 것처럼 말이다.

로마서 8장이나 고린도전서 13장과 같은 구절들을 단지 읽기만 해도 왜 우리의 영적인 맥박이 빨라지고 흥분되는가? 단지 불꽃만이 불꽃을 일으킬 수 있다. 우리 시대에 신학적인 부흥(신정통주의 - 역자 주)을 일으킨 사람, 칼 발트가 로마서에서 그를 구원하는 말씀을 발견했다는 것이 순전히 우연이었겠는가?

만약 바울 복음의 껍데기는 고전이지만, 알맹이가 열매맺는 생명으로 가득 차 있다면 즉, 우리의 인격을 바꾸는 것이라면 이것은 우연일 수가 없다는 것이 우리의 주장이 될 것이다. 바울의 통찰력을 현대의 용어로 바꾸라. 그러면 그것들은 반드시 현대인들에게 적용될 것이다. 결국 외적 변화에도 불구하고 인간은 바울 시대와 거의 똑같은 상황에 놓여 있다. 인간의 성선설(性善說)에 관하여 상세하게 설명하고 있었던 설교자에 관한 프레드릭 대왕의 비평-Er kennt die verdammte Rasse nicht - 을 우리 세계에서 정당화하는 것은 거의 드문 것 같다.³²⁾ 우리의 지속적인 인간의 곤경에 대한 바울의 설명이 명확히 드러난 것이라면, 우리는 이에 대한 그의 치료 역시 시대에 뒤떨어진 특효약이 아닌, 그 자신이 말한 것에 따르자면 "인간을 구원하기 위한 하나님의 권능" (a divine force for saving men)이라는 것을 발견하게 될 것이다.

---

31) Denny, *The Christian Doctrine of Reconciliation*, p.179.
32) "그는 멸망당하는 인류를 알지 못한다."

1. 사도 바울의 죄론

그러면 내가 "지속되는 우리 인간의 곤경"이라고 불렀던 것을 먼저 생각해 보자. 브로우닝(Browning)[33]은 "이 믿음"에서 아래와 같이 말한다.

> 화살이 과녁의 중심부에 명중한 것은 이 믿음이고
> 거짓의 꼭대기에서 —원죄를 가르쳤는데
> 인간의 마음의 부패 말이다.

19세기를 내려오는 동안 교회의 가르침은 — 물론 때때로 인간은 죄를 지을 필요가 없다는 펠라기우스(Pelagius)와 다른 사람들의 주장에 대한 저항과 함께 — 하나님 앞에서 인간의 상태에 관하여 바울이 가르쳤던 것에서 발견되어 왔다.

인간은 죄인이다. 인간은 하나님의 율법을 파괴했는데 이것은 단지 부지불식간에 일어난 것이 아니고, 상습적이며 피할 수 없는 것이다. 그렇게 하나님의 정죄를 초래하면서 말이다. 바울의 교리는 항상 깊고 심지어 정열적이고 실험적이라는 것을 기억하면서, 바울의 죄 교리라고 불려지는 것을 간결하게 정리해 보자.

첫째, 우리는 '죄 아래 팔렸다.' 마치 노예와 같이 죄는 상태이다. 이것은 전례도 없고 결과도 없는 단순한 한 사건이 아니다. 이것은 우리 삶의 과격한 오류이며, 참되고 의로우신 하나님에게서 돌아서서 부패성 가운데 빠진 것이다. 바울이 종종 독립적인 능력을 가진 것처럼 인격화시키는 죄의 기반과 거점을 육체에서 찾아낸다. 육체는 우리의 타락한

---

[33] Gold Hair

인간 성품, 하나님을 멀리 떠나 타락한 것으로 인간 체질에 죄의 기회를 제공하는 매체이다.

둘째, "선을 행하는 자는 아무도 없다." 죄는 우주적인(universal) 현상인데, 이것은 아담의 모든 후손에게 영향을 끼치는 어떤 것이다. 더욱이, 이것은 집단적인 오류다. 마치 딸기 밭에서(the strawberry-bed) 달리는 자처럼, 우리는 공통적인 삶의 근원(life-root)과, 그 뿌리 조직(root-system)을 통해서 악이 흐르는 것과 모두 연관되어 있다.

셋째, "죄의 권능은 율법이다." 죄는 하나님의 율법에 대한 반항이다. 그리고 그 율법은 단지 모세의 율법만을 의미하는 것이 아닌 더 거대한 것, 우주적이고 영원한 하나님의 법을 의미하는데, 모세의 율법은 그것들의 한 형태이다. 율법은 단지 유대 인을 위하여 두 돌판(또는 기록용 양피지) 위에 한 번 새겨진 것이 아닌, 전 세계 사람의 마음과 양심에 새겨진 것이다. "율법을 통해 죄를 아는 지식이 생겼다."라고 바울은 말한다. 하나님의 율법은 죄를 죄로써 - 하나님과의 관계에서 그 삶이 잘못된 죄인임을 보여 주는 - 보여 준다. 그 뿐만 아니라 그것은 실제로 죄를 짓도록 자극한다.[34] 율법이 "너는 무엇을 하지 말라"고 말할 때, 사람들은 "나는 그 무엇을 하겠다"고 말한다. 더욱이 "율법은 진노를 만들어낸다" - 하나님의 진노, 즉 악에 대하여 반응하시는 하나님의 거룩한 사랑 - 이 하나님의 거스르는 바람이 최후 심판의 날뿐만 아니라 현재에도 죄인을 향하여 불 것이며, 이것은 죄인의 악행과 타락의 결과로 인한 것이다. "죄의 값은 사망이다." 죄가 만약 내부에서 지속된다면 결국 치명적인 결과를 낳게 된다.

---

34) 한 어린 미국 소녀가(H. H. Asquith의 보고에 의하면) 십계명에 관하여 말했다. "십계명은 여러분에게 무엇을 해야 하는지 말해 주지 않았고, 단지 여러분의 머리 속에 관념만을 남겨두었어요."

넷째, 우리 인간들은 하나님의 형상으로 만들어진 도덕적으로 책임 있는 존재로서 우리의 죄에 대해 하나님을 향하여 책임을 느껴야 한다. 그러나 '율법의 행위로 의롭게 될 육체는 하나도 없다.' 인간의 어떠한 큰 노력도 우리의 죄에서 우리를 구원할 수 없고, 우리를 하나님과 바른 관계에 놓을 수 없다. 죄인인 인간을 위해서 눈에 보이는 인간적인 치료는 불가능하다. 사람이 의롭게 되기 위해서는 단지 하나님의 의로움을 통해서만 - 만약 하나님의 은혜에 의해 그런 일이 있다면 - 치료 효과가 있을 것이다.

이러한 것이 '우리 인간의 곤경'에 대한 바울의 그림이다. 여기에는 푸른 하늘의 인간론(sky-blue anthropology)도 없고, 인간의 본성적이고 선천적인 선에 대한 교리도 없다. 의심할 여지없이 그늘진 그림이다. 그러나 이것이 적절한가? 이것이 사실인가? '회당의 착각으로', 아니면 1세기의 병리학적 측면으로 볼 때 내성적인 사람의 병적인 발산으로 이것의 (앞에서 말한 우리 인간의 곤경-역자 주) 대부분을 희석시킴으로써 현대인은 의롭다함을 받지 못하고 있지 않는가? 우리는 진리의 어떤 조그만 부분이 그 속에서 제시되도록 허락할지도 모르겠다. 예를 들면 우리는 우리의 본성 그 자체에 강요하는 율법에 대항하여 본능적 반역이 유대교의 어떤 특수한 것이 아닌 보편적이고 인간적인 것임을 알고 있다.[35] 우리 20세기의 심리학자들은 비록 그들이 성 어거스틴에게 그것에 관해 어떤 것도 가르쳐 줄 수 없음에도 불구하고 이에 대해 더 많은 것을 우리에게 말해 줄 수 있다.

그러나 아직 의심하는 사람들은 그것의 대부분이 이미 가엾게도 시대에 뒤떨어진 것이며, 바울이 그것을 가르쳤던 것처럼 원죄는 아담이라

---

35) '게인쩨이'는 메리 웹의 성품 중의 하나에 관하여와 "불 위에 있는 그 피의 성격"에 관하여 말한다.

불려진 역사적인 첫 사람의 "타락"에 대한 믿음과 밀접한 관계가 있다는 것, 그리고 "하나님의 진노"란 마음의 상상인데, 그것은 아직 하나님의 제2류 그리스도인의 견해들(subchristian views of God)을 완전히 추방하지 못한 것이라고 주장한다. 결국 바울은 그 시대의 바로 그 사람 - 아주 비범한 종교적 체험을 가졌던 1세기의 유대 인이었다. 그는 다윈(Darwin)이나 프로이드(Freud)에 대해 결코 들어본 적이 없었고, 그는 유전에 대한 현대의 과학적인 교훈에 대해 아무것도 알지 못하며, 억압된 본능이나 강박관념 같은 용어는 그의 어휘와는 완전히 이질적인 용어들이다. 그의 지적인 완전함에 가치를 두는 오늘날의 그리스도인이 어떻게 우리의 영적인 곤경에 대한 바울의 그림을 사실로써 취할 수 있겠는가? 우리가 그의 몇몇 개념들을 현대의 용어로 번역하려는 것은 옳다. 한 예로 육체(the flesh)를 우리가 유전과 환경과 그밖의 것들로부터 뽑아온 인종적 직관의 요약으로 해석하라. 그러나 오늘날 우리가 행동하고 있는 바를 알기 때문에 우리의 도덕적 그리고 영적인 병폐에 관한 바울의 진단을 폭넓은 범위에서 우리가 받아들일 수 있겠는가?

2. 바울의 진단은 오늘날도 옳으며 유효한 것인가?

니버(Niebuhr)의 표현대로[36] "성경을 진지하게 받아들이지만 성경을 문자적으로 받아들이지는 않는" 사람으로서 나는 우선 우리가 바울의 신난이 옳다고 주장하기 위하여 그의 죄에 대한 생각 - 죄의 근원과 그 결과 - 모든 부분을 받아들여야 할 필요가 없다는 생각을 가질 수도 있다고 생각한다. 따라서, 모든 인간의 죄가 아담의 첫 불순종의 행동에

---

36) *Christian Faith and Social Action*, p.18.

서 유래했다고 하는 바울의 믿음 — 만약 이것이 바울의 참 믿음이라면 — 과 똑같이 믿어야 할 의무가 우리에게 있는 것은 아니다. 그와는 반대로, 죄의 근원이 어디인가에 대해서는 우리 자신의 불가지론들을 솔직히 인정하는 것으로써 만족할 수 있을 것이다. 데니가 말하기를 "우리가 속죄의 연관성에서나 어떤 다른 연관성에서도 원죄에 대한 교리를 가져야 한다는 것은 필요치 않다. 우리는 죄의 근원을 알지 못한다. 우리는 그 죄가 여기 있다는 것만을 알 뿐이다."[37] 이와 같이, 우리는 죽음에서 "죄에 대한 성사(the sacrament of sin)라기보다 오히려 본성의 죄(the debt of nature)를 발견하면서 죄와 죽음 사이에 바울이 만들어 놓은 관계에 대하여 감히 질문할지도 모른다. 그러나 우리 앞에 놓여진 가장 중요한 질문은 이것이다. 죄인으로써 인간에 대한 바울의 그림은 하나님의 정죄에 노출되어 있다는 것이고 우리에 의하여 그 자신을 구원하는 것이 본질적으로 불가능하다는 것인가? 혹은 바울이 죄라고 부른 것이 공산주의의 견해인 교육 또는 소유에 의하여 치유되어야 할 근본적 무지라고 보는 견해와 사유재산이나 위선, 영혼의 점증하는 고통을 폐지함으로 치유되어야 할 근본적 무지라는 견해와, 이상적 철학자들의 안내를 받아 우리가 완전함을 지향할 때, "달콤함과 빛"의 지혜로운 복용제들에 의해서 치료되어야 할 근본적 무지라고 하는 많은 현대인들의 견해에 우리가 동의를 해야만 하는가?

만약 실제로 질병이 더 이상 존재하지 않고 치료되었다면, 또는 단지 착각 — 영적인 우울증 — 의 한 증상이 되었다면, 죄에 대한 바울의 처방을 상세히 설명할 필요는 분명히 없다. 명백히 바울은 인간이 죄인으로 태어났다고 주장했다. 그러나 19세기가 지났고, 지금까지 인간이 얼마나 진보하였는가! 만약 우리가 도시의 발전과 과학의 진보와 심리학

---

37) Expositor, Sept., 1903, p.169.

의 발견들이 바울 시대 이래로, 고대의 적들로부터 인간을 구원함으로써 그리고 한때는 노예였던 그 장소에서 그를 주인으로 만듦으로써, 인간의 상황을 완전히 바꿔 놓았다는 것을 확신할 수 있다면, 바울의 진단이 실수였기 때문에 그의 치료가 쓸데없고 부적절한 것이라고 주장하게 될 것이다. 하지만 우리가 그렇게 주장할 수 있을까? 만약 우리가 악이란 단지 외부적 요인에 기인한 것으로 보거나 단순히 결핍 현상으로 이해한다면, 우리의 동물 조상으로부터 아직 남아 있는 잔영, 인간의 점증하는 고통은 진화 과정에서 인간이 겪는 전진과 번영으로 가는 통과해 버려야 할 과정으로 봐야 한다. 아니면 차원 높은 교육과 진보된 심리학적인 기술은 인간의 무지에서 구출해서 그의 부적응을 바로잡아 주고 죄책으로 인한 억압감을 해제시켜 준다는 것, 요약하자면, 나쁜 사람을 선한 사람으로 바꾸어 준다는 것이다. 환자가 건강을 위한 쾌유의 길에 분명히 잘 놓여 있게 될 적에 우리에게는 의사가 필요 없는 것처럼, 이런 면에서 우리에게는 사도 바울의 도움이 필요 없다는 것이다. 그러나 문제는, "오늘날의 인류를 바라보는 정직한 사람이라면 과연 그런 확신을 보장할 수 있는가?"라는 질문이다.

20세기 중반을 사는 우리는 20세기 초반보다도 더 많은 것을 바울에게서 들을 수 있게 되었다. '1900년도의 시각'(view from 1900)이 한 미국인 작가에 의해 적절히 요약되었다.[38]

"세계는 과거의 어떤 시대와도 비교할 수 없는 확신의 차원을 가지고 20세기를 전망했다. 빨리 가든 느리게 가든, 진보는 확실하였고 제한이 없으며, 역행할 수 없었다. 선(善:Virtue)은 진보와 맥을 같이했다. 즉 그것들은 서로를 지원하였다. 이 시대의 분위기는 앞선 세기들의 어두운 비운을 씻겨 내는 것 같았다. 최악의 상태는 끝났다. 인간은 숲을 빠

---

38) *Christian Faith and Social Action*, p.24.

져 나왔다."

물론 그 시대의 낙관주의는 극히 비성서적이고, 반 바울의 견해 위에 건설되었다. 50년 내지 100년 전에 우리는 대체로 인간이 근본적으로 선하며, 죄는 하나의 병적인 학설("성직자적인 비관론")의 도구이거나 회당의 착각〈후에 나치(Nazis)가 명명한 것으로써〉이라고 자신들을 설득했다. 이 시대는 헤겔(Hegel)이 죄를 "본성의 무죄로부터의 인간의 출현과 선(善)의 전주(prelude)"로서 보도록 설득했던 때였다. 또한 이 시대에 월트 휘트먼(Walt Whitman)은 동물들을 더 좋아한다고 발표했는데, 이는 동물들이 "그들의 상태에 대해 푸념"하지 않기 때문이라고 했다. 또한 이 시대는 사람들이 죄의 존재를, 적어도 이것이 실제한다고 하는 한, 하나님이 그 불행에 대해 인간만큼의 책임이 있다고 생각하였다. 심지어 시대정신(Zeitgeist)을 좇고 있는 그리스도인조차도(르낭이 그랬던 것처럼) 사도 바울은 시대에 뒤떨어진 사람이라고 판단하였고, 또 십자가가 없는 그리스도의 사역을 통하여 심판 없이 사람들을 죄 없는 상태로 왕국으로 인도하실 진노치 않으시는 하나님을 믿었다는 것은 놀랄 만한 일이 아니다.[39] "하나님은 조롱받지 않으신다"고 바울은 말한다. 그러나 그 당시의 사람들은 인간들의 불의에 대하여 하나님의 진노가 어떻게 그렇게 빨리 하늘로부터 드러났는지를 거의 생각하지 못했다.

이 모든 것은 변했다. 이와 같은 모든 부드러운 낙관론에 대해 우리는 긴 작별인사를 했다. 우리 시대의 두 차례의 세계대전과 그것의 두려운 여파에 의해서 우리가 피와 눈물로 배운 것은 "사람이 조성하여 놓은 이 세상이 얼마나 이상하고 잔인한 요소로 되어 있는지에 관하여와, 선과 악의 실험실인 인간의 마음이 얼마나 무서운지"를 배웠다.[40] 악은

---

39) Niebuhr, *The Kingdom of God in America*, p.193.

배의 선체 밑바닥에 붙어 있는 만각류처럼 인간의 마음에 붙어 있는 표면적이고 외적인 어떤 것이라는 인식이 타파되었다. 종교적 도덕주의의 사상이 죄를 단지 우발적인, 잘못된 선택으로만 의심하였지만, 지금은 그렇지 않다. 우리 인간은 악하기 때문에 악을 행한다는 성경적인 옛 시각으로 돌아왔고, 그 죄는 인간의 마음에 있는 풍토병적인 어떤 것(something endemic)이라는 이해다.

조아드(C.E.M. Joad) 박사의 최근의 예가 많은 전형적인 경우 중의 하나이다. 한 젊은 사람이 주저하지 않고 허버트 스펜서(Herbert Spencer)의 진화론적 낙관론을 받아들였고, 훌륭한 새로운 세계를 인도할 과학과 심리학을 믿었음에도 불구하고 〈그의 마지막 책, 「The Recovery of Belief」(믿음의 회복)에서 우리에게 말하는 것처럼〉, 그는 경험의 쓰라린 논리(the bitter logic of experience)에 의해서 죄와 악에 대한 기독교적 설명이 인간의 상황에 대한 아주 정확한 평가라고 받아들이고, 또 다소의 바울이 허버트 스펜서보다 인간의 상태와 전망을 더 잘 진단했다는 것을 솔직히 인정해야만 했다.

3. 악마의 영역

그러나 (어떤 사람은 말할지도 모른다) 바울은 단순한 죄가 아닌 악마의 존재를 믿었다. 그는 인류 역사 속에 사탄의 대리인에 관하여 자유롭게 얘기하시 않는가? 그는 우리의 씨름은 단지 인간적인 적들뿐만 아니라, 악의 천사들과 권세들에 대한 것이라고 말하지 않는가? 그는 마치 '하늘의 전쟁'이 있었고 그리고 초인간적인 적들과 싸우는 그리스도 안

---

40) N.S. Tabnot(prophetically) in Foundations(1912), p.18.

에 하나님이 계셨던 것처럼 기록하고 있지 않는가? 짧게 말하면, 악마의 활동 영역은 그의 신학의 많은 부분을 차지하고 있지 않는가? 그리고 프로이드(Frued)와 그의 동료들이 콤플렉스와 노이로제와 그와 비슷한 용어들로 우리의 모든 어두움의 행위들을 설명했을 때, 어떻게 우리는 바울의 견해를 받아들일 수 있는가? 바울은 분명히 그 시대의 한 인물이었다. 오늘날 우리에게 악마에 대한 가설을 가질 필요가 없는가 아니면 갖고 있지 않는가?

이미 얘기했듯이, 악마는 자신의 존재를 믿지 못하도록 사람들을 설득했던 때보다 더 좋은 공격을 가한 적이 결코 없다고들 한다. 우리가 여기서조차 바울이 실수했다고 확신할 수 있는가? 현대인들에게는 신임할 가치가 없는 1세기의 미신으로써, 악마의 대리자에 대한 바울의 믿음을 우리가 그렇게 쉽게 지워버릴 수 있는가? 기억할 것은 우리 주님도 바울의 믿음을 가지셨다는 것이다. 원주민들 사이에서 일하는 많은 선교사들도 그러한 믿음이 있다. 많은 현대의 사상가들과 신학자들은, 가볍게 몽매주의자와 동일시하지 아니하며 근본주의자로 분류되지도 않는다.[41] 단지 세 명만 거명한다면 오토 파이퍼(Otto Piper), 폴 틸릭히(Paul Tillich), 시 에스 루이스(C. S. Lewis)도 그러한 견해를 가지고 있다. 이것이야말로 바울의 견해를 재 신뢰하도록 이끌었던 우리가 사는 세계에서 그들이 보았던 악의 우주적인 영역이자 철저한 불치병이라는 것이다. 아마도 우리 중 몇 사람은 이성을 잃었을 때, 순수하고, 관대하고, 자애롭고 고상한 영혼이 지저분하고, 침착하지 못하고, 완전히 반대로 악하게 변하는 것을 알고 있다. 우리는 "이처럼 무시무

---

41) 왜 우주가 그들의 선을 악하게 만든 사람보다 더 높은 영들을 가지고 있지 않는지, 누가 인류에게 악의를 가지고 있는지, 그리고 어떤 활동들이 창조자에 의해서 조정되고 있는지에 대한 형이상학적인 이유가 없다.

시하고 설명할 수 없는 변화는 악마의 역사를 나타내는 데 충분할 정도로 나쁜 것이다"라고 말해 왔다. 그리고 우리가 우리 시대에서 보는 것처럼, 매우 광범위한 영역에서 일어나고 있는 무서운 변화 — 즉 어떤 크고 문명화된 민족의 점령을 만족시키는, 의식 없는 광기와 표현할 수 없는 무서움과 잔혹함을 표출하는 것을 볼 때, 생각 있는 사람들이 바울의 결론을 내리는 것을 우리가 의심할 수 있을까? 우리는 독일 나치만 (Nazi Germany alone) 홀로 이 증거를 제시하고 있다고 생각해서도 안 된다.

스튜와트(J. S. Stewart)는 말한다. "필요, 방편, 방어 전략, 이러한 모든 변명들은 히로시마와 나가사키를 폭격하던 시절에 들었던 이야기들이다. 평균 이상의 도덕적인 사람들과 민족들이 그와 같은 상황에 처해지고 개입되었을 때, 그들이 가고 싶은 욕망도 없는 방향으로 거의 저항할 수 없는 강압 — '내 맘의 법에 대항하여 싸우는 내 안에 있는 또 다른 법' — 에 의해 내몰렸을 때, 살아 있고 악마적인 어떤 것이 작용하고 있다는 것을 누가 의심할 수 있는가?"[42]

비유를 들어보자. 경찰이 범죄자를 잡는 경우가 많다. 그렇지만 만족스럽지 않다. 작은 도둑과 자객 뒤에는 어렴풋이 추측해 보건대 똘마니를 움직이는 어떤 다른 사람 곧, 어떤 주인의 손이 있다. 경찰은 다른 사람들의 계략을 알 수 있는데, 이는 그들의 손아귀에 있는 그 사람이 스스로 이 모든 것을 생각해 낼 수 없기 때문이다. 이 비유는 분명하다. 우리 시대에 사탄이 좋아하는 전략의 표식들은 바울의 견해에 많은 사람들이 감동되었는데, 바울의 견해는 인간의 대리자들보다 더한 것이 전쟁터에서 우리에게 대항하고 있으며, "어둠의 권세"가 언어의 낡은 표현보다 더한 것이고, 비록 루터가 "악마의 운명이 기록되었다"라고 말

---

42) *A Faith to Proclaim*, p.89.

했지만, 아직도 그는 인간들과 민족들의 사건에 문제를 일으키는 데 기여하고 있다는 것이다.

4. 현대인과 원죄

이제는 전체를 요약할 때다. 우리가 악마에 대해서 어떤 견해를 가졌을지라도 — 사실 그리스도인들 사이에 많은 불일치가 있다 — 우리는 우리가 한때 주장하였던 악마에 대한 견해의 완전한 부적합성을 배웠다. 버나드 쇼(Bernard Shaw)가 이것을 부(富)의 부산물로써 진단하거나, 또는 심리학자들이 이것을 억압된 성적 욕구에 적용하거나, 또는 진화론자들이 이것을 단순한 불완전성으로 간단히 처리할 때, 우리는 아마도 "죄가 얼마나 과중한지를 당신은 아직 숙고하지 않았다"(Nondum considerasti quanti ponderis sit peccatum)고 성 안셀름(St. Anselm)이 말한 것으로 대답해야 할 것이다. 우리 개개인과 공동체 삶의 테두리 안에는 특유의 과격한 오류가 있으며, 바울이 하나님의 진노를 악에 대한 하나님의 거룩한 사랑의 반응이라고 말한 심판이 자만심과 자기 중심주의를 신봉하고 있는 세계를 따라 살기 위해 살아 계신 하나님을 버리는 모든 사람들 위에 냉혹하게 내려진다고 한다.

따라서 바울이 말하는 악마는 우리에게 이상한 것이 아니다(비록 바울이 인격적인 실체로써 악마들을 말하고 있지만 우리가 그것들을 추상적으로 생각하려 하기 때문에 악마라면 이상하게 들리지만). 만약 우리가 바울의 복음을 오늘날의 사람들에게 제시해야만 한다면, 우리는 죄의 실재와 타락한 세상의 사실로부터 시작해야 한다. "만약 오늘 우리 시대에 바울에 대한 설교자가 모든 사람의 마음에 하나님의 전적인 용서의 은총을 설교하려 한다면, 그는 먼저 모든 사람의 양심에 하나님의 전적인 정죄의 법을 확신시켜야 할 것이다. 만약 그가 올바른 하나님의 선물을 제공하려 한다면, 그는 죄의 값을 충분히 치르게 해야 할 것이다. 그렇다. 그리고 그것은 광대하고 총괄적이고 수사학적인 방법이 아닌, 가깝고 개인적이고 집을 방문하는(home-coming) 방법이다."라고 알렉산더 화이트(Alexander Whyte)는 기록했다.[43]

거기에는 영혼을 치료하는 데 한 위대한 스승(master)이 있다고 말한다. 거기에는 또한 우리의 주요한 어려운 점들 중 하나가 있다. 에밀 브룬너는 원죄의 교리는 현대인들에게 논쟁거리(scandals)가 되는 기독교 신앙의 다섯 가지 중 하나라고 말했다.[44] 그 논쟁은 창세기 3장과 그리고 그것을 문자적인 역사로써 취하려는 시도와는 아무 관련이 없다. 우리가 완고한 근본주의자가 아닌 한, 우리는 창세기 3장이 '참된 신화'로 간주될 수 있다는 것을 알 수 있다. 비록 에덴이 지도에 없고 아담의 타락이 역사적인 달력(historical calendar)과 맞지 않는다 하더라도, 창세기 3장은 역사의 여명에서와 같이 바로 오늘로서의 인간 경험의 영역을 증거한다. 쉽게 말하자면, 우리는 타락한 피조물들이며 아담과 하와의 이야기는 당신과 나의 이야기인 것이다.

아니다. 죄는 종교적인 개념이다. 이것은 하나님께 대한 범죄이며 반역이다. 그리고 오늘날의 사람이 가는 곳마다 죄를 만남에도 불구하고 그 자신 안에서 또는 다른 사람들 안에서 죄를 죄로 깨닫지 못하는 것이 문제다. 왜냐하면 그것을 죄라고 말하는 살아 계신 거룩한 하나님에 대한 인식이 없기 때문이다. "당신에게 대하여, 당신에게만, 내가 죄를 지었고, 당신 보시기에 악인 것을 내가 행했습니다." 그래서 오늘날의 사람은 죄에 대한 책임을 피하려는 경향이 있다. 사람은 그가 다시 만들

---

43) James Fraser, Laird of Brea, p.67.
44) The Scandal of Christianity, Ch. 3.

수 있다고 믿는 부패한 제도나, 높은 교육에 의해 치료될 무지의 혼란, 또는 더 나은 심리학이 제거할 심리학적인 요소 등에 책임을 전가하려 하는데, 이 모든 것들에서는 바울이 내주하는 죄, 인간의 마음의 타락이라고 칭했던 깊은 질병의 징후라는 통찰력이 없기 때문이다.

게다가, 악의 편재성에 의해 충돌하고 절망하게 되면, 사람은 허무주의자로 바뀌고, 이 세상을 하나의 무의미한 혼돈으로 지워버리려는 경향이 있다는 것이다.

따라서 만약 바울의 입장에서 죄의 사실과 함께 인간을 대면하려 한다면, 우리의 목적은 절망을 더 깊게 하는 것이 아닌 소망에 불을 붙이는 것이어야 한다. 그리고 참된 방법의 지침으로서 우리는 바울의 유명한 구절을 취할 수 있을 것이다. "죄가 넘치는 곳에 은혜가 더욱 넘치느니라." 우리는 세상이 허무주의자들의 악몽이 아닌, 그 속에 낯설고 혼돈된 것들이 들어가 있는 하나님의 우주를 사람들에게 가르쳐야만 한다. 우리는 하나님과 그의 용서를 모두 선포해야만 한다. 이것은 하나님께서 사람들로 하여금 그의 거룩한 사랑에 대항한 반역으로써 그들 죄의 본성을 보게 하기 위해서이다. 그리고 용서, 그는 그들이 실제로 죄를 범한 것에 대한 책임을 심각하게 받아들이도록 하기 위해서이다. 오늘날 인간들은 세상이 이상스럽게 또 급진적으로 잘못되었다는 것을 너무 잘 알고 있다. 그들이 어둠의 참된 본성을 보게 하기 위해서는 그들에게 빛 곧 하나님의 은혜의 빛을 또한 보여 주어야 한다. 그분은 그리스도 안에서 세상과 자신을 화해시키신 분이시다.

전쟁터로 오신 두 번째 아담은 구원자로 왔다.

5. 하나님의 진노에 대한 주해

바울은 그의 서신들에서 "하나님의 진노"를 16회 언급했다. 세 번은 "하나님의 진노"라 말했고, 일반적으로는 "진노"라고 말했다. 그는 하나님이 진노를 "보여 주신다"고 말하거나 인간의 죄에 대하여 하나님의 진노가 "나타났다"고 말한다. 죄인들은 진노의 그릇 또는 자녀이다. 심판의 날은 "진노의 날"인데, 예수님은 "다가올 진노에서 우리를 구원하실 분"이시다.

이 언어는 많은 그리스도인들을 불쾌하게 한다. 그들은 "모든 모양과 형태에 있어서 분노는 하나님께 이상한 것이라고 기꺼이 주장한다.[45] 그들은 바울의 표현을 어떤 비인격적인 응징의 교리 즉, 도덕적인 세계에서의 피할 수 없는 인과 응보의 법으로 번역하기를 좋아한다.

그러나 성경은 이 방법을 취하지 않는다. 예언자들의 어떤 생도도 하나님의 진노가 그들을 향한 하나님의 인격적인 행위였음을 의심할 수 없다. 또한 예수가 하나님의 사랑을 새롭게 강조했음에도 불구하고, 우리는 예수가 두려운 실체인 악에 대한 하나님의 반응을 알고 있었다는 것도 의심하지 않는다. 다른 신약 성경의 저자들의 생각도 바울의 생각과 동일하다.

확실히 바울은 자주 하나님이라는 단어를 붙이지 않고 "진노"를 말한다. 그가 이것을 비인격적인 것으로 생각했기 때문인가? 그가 누구의 진노인지 말할 필요가 없다는 것을 알아냈기 때문이지 않겠는가? 그러면 그가 의미하고자 했던 분노는 무엇인가? 단순히 말하면, 죄에 대한 하나님의 거룩한 불쾌함(holy displeasure)이다. 이것은 악에 대한 영원한 반응인데, 그것 없이는 하나님이 세상의 도덕적인 정치가가 되길

---

45) The phrase is Berdyaev's.

원치 않으셨을 것이다. 바울은 이것을 현재와 미래 양쪽 모두에서 생각했다. 이것은 지금에도 나타나고 있음에도 불구하고, 심판 때에 극치에 다다르게 될 악에 대한 신적 혐오(divine aversion)이다.

성경에 대한 충성은 교리를 우리가 내던져 버리도록 허락하지 않을 것이다. 그러나 우리가 이것을 생각할 때, 우리는 두 가지를 기억할 수 있다. 첫째는, 하나님의 진노가 죄 있는 인간들의 언어로 생각될 수 없다는 것이다. 이것은 '짜증난 자기 중심의 감정적인 반응'이 아니다. 우리는 갑자기 이성을 잃고 그의 사랑을 던져 버리는 사람과 같이 하나님을 묘사해서는 안 된다. 어쩌면, 우리가 인간의 비유법을 사용한다면, 선한 사람이 딱딱한 악의 현존에서 느끼는 '의로운 분개'를 생각해야 할 것인데 그것을 무한대로 확장하는 것 말이다. 둘째로, 단순히 감성적인 사람의 신학은 하나님의 사랑과 양립할 수 없는 그의 진노를 발견하게 될 것이다. 사랑의 반대는 미움이지 진노가 아니기 때문이다. 우리는 오히려 하나님의 진노를 하나님의 사랑의 뒷면 곧 '역풍'(逆風), 악한 모든 것에 대한 그의 거룩한 사랑의 적대로 이해해야 할 것이다. 루터는 긍휼이 하나님의 '적절한 일'(proper work)이었던 것처럼, 하나님의 진노를 '이상한 일'(strange work)이라고 불렀다.

바울은 하나님의 진노를 한 실체로서 그의 시대에서 발견했다. 사람들이 하나님에 대해 반역할 때, (그는 말하기를) 하나님은 그들을 죄, 다시 말하면 육체의 고통, 그들의 마음의 어려움, 그들의 영적인 기능의 완전한 마비에 내어버려 두신다(롬 1:18-32). 이렇게 적용되는 것이 20세기 중반이라고해서 중단하였겠는가?

Ⅱ. 구원의 길

1. 바울 복음에서의 구원의 길

인생은 짧다라는 오래된 복음시가 말하길

인생은 짧고, 죽음은 확실하다.
죄가 상처로 있다면
그리스도는 치료자시다.

바울은 인간의 죄에 대한 유일한 치료는 십자가에 못박히신 예수님 안에 있는 하나님의 은혜라고 선언한다. 우리는 우리 자신을 구원할 수 없으며, 우리 자신의 힘으로 우리 안에 있는 죄의 세력을 파괴할 수도 없다. 우리는 하나님의 심판 아래 있는 죄인들이며, 우리의 어떤 '공로' (功勞)로도 우리를 의롭게 할 수 없다. 우리는 죄를 깨끗게 할 방도가 없다. 죄인으로서 인간은 하나님에게서 분리되었다.

그러나 바울은 말하기를, 하나님의 은혜로 말미암아 하나님의 거룩함과 인간의 죄 사이의 큰 단절에다가 다리를 놓음으로, 죄인으로서는 갈 수 없었던 길을 만들어 하나님을 만족시켰다고 한다. 복음은 하나님의 용서를 선포하는데, 이는 십자가 위에서의 신적 행위에 근거한다. "그리스도 안에서 하나님은 세상과 그 자신을 화해시켰다." "그러므로 믿음으로 의롭게 된 우리는 우리 주 예수 그리스도를 통해 하나님과 더불어 화평을 누린다."

달리 생각해서, 즉 인간의 견지에서 볼 때, 만약 바울이 죄보다 변하지 않는 더 깊은 하나님의 사랑에 대한 최초의 확신(initial assurance)을 갖지 않았다면, 죄 된 인간을 위한 어떠한 자유도 해방도 진정한 영적 삶도 있을 수가 없다. 바울은 이것을 십자가에서 찾는다. "우리가 아직 죄인 되었을 때에 그리스도께서 우리를 위하여 죽으심으로 하나님께서 우리에 대한 자기의 사랑을 확증하셨느니라." 이 확신, 새로운 출발과 새 신분, 거저 얻은 새로운 삶의 가능성의 선물을 바울은 "구속" "칭의" "화해"라고 부른다.[46] 이 은혜로운 주도권을 가지신 하나님께서 그것을 그리스도 안에서 우리에게 나누어 주신다. 그리고 우리가 하나님께서 제공해 주시는 것에 대해서 영혼의 기쁜 순종인 믿음 안에서 "예" 하고 받아들일 때, 하나님께서는 우리를 구원하시며, 용서하시며, 자신과의 관계를 올바르게 맺게 하신다. 이리하여 구원에 이르는 길로의 첫 번째요 중요한 단계는 이루어졌다.

2. 이 구원의 길은 시대에 뒤진 것인가?

이것에 대한 개요를 말해 보자. "질문은 이것들이 단지 유행이 지난 구 시대의 구원론의 표어가 아니겠는가? 혹은 바울이 말한 것에 대한 경험이 20세기 중반에 살고 있는 우리들에 의해서도 여전히 증명될 수 있는가?" 하는 것이다.

1세기의 그리스도에게서 내려오는 화해의 능력이 수세기를 지나면서

---

46) 엄격하게 말해서, '칭의' - 새로운 신분의 선물 - 는 '관계 회복'을 의미하는 '화해'의 첫번째 단계이다.

흐려지고 약해졌을지도 모른다고 염려하는 사람들이 종종 있다. 그들은 바울이 감동적인 능력으로 쓴 그의 경험이 우리와 멀리 떨어진 곳에 계셨던 역사적 그리스도에게 매여 있는 경험이라고 느낀다. 이것은 그들이 '그리스도의 사역을 감당하시며 그것을 우리에게 보여주는' 역할을 하시는 성령을 잊고 있기 때문이다. 갈릴리에서 베드로를 부르시고, 다메섹 도상에서 바울을 '사로잡은' 1세기의 그리스도는 단지 과거에만 계신 분이 아니다. 그는 영원한 현재(Eternal Contemporary)이시다. 하나님의 성령께서 그를 그렇게 만드신다. 그것은 팔레스타인으로부터 혹은 1세기로부터가 아니라, 지금 그리고 여기에서 그는 알려지며 그의 화해의 능력은 경험되어진다.

사람들이 범하는 또 다른 실수는 바울이 자주 논쟁했던 '믿음 또는 공로에 의한 구원'이 지금은 다루지 않는 1세기의 이슈라고 생각하는 것이다. 바울의 언어가 구세대 스타일이라는 것을 인정하자. 그렇지만 당장은 인간이 이젠 더 이상 '공로'를 의지하지 않는다고 생각해서는 안 된다. 캠벨 무디(Campbell Moody)는 쓰기를, "내가 학생이었을 때, 바울에 의해 철저하게 드러난 율법주의의 실수들이 여전히 존재한다는 것은 나에게 불가능한 것처럼 보여졌다. 곧 나는 그리스도인들과 이교도들과의 대화 속에서 내가 얼마나 실수를 했는가 깨달았다. 옛날처럼 어느 곳에서나 사람들은 어떤 의무를 수행함으로 혹은 의무를 끝냄으로, 또한 최소한 그들이 성직자만큼 선하며 그리고 아마도 그들이 위선자가 아니라는 이유로 성직자보다 더 낫다고 스스로 말함으로써 그들의 양심을 만족시키려 한다."[47]

이것은 기본적으로 바울이 1900년 전에 밝혔던 똑같은 착각이 아닌가? 자기의 의(自義;self-justification)가 모든 사람들을 복음 안에 있

---

47) *The purpose of Jesus*, p.141 이하.

는 하나님 사랑의 호소로부터 그렇게 막고 있는 것이 아닌가? 모든 회중 가운데는 이런 상태에 있는 사람들이 있다. 하나님은 은혜로우시다고 그들에게 말하라. 또한 그리스도 안의 그분의 용서와 화해를 이야기하라. 그러면 그들은 회개하거나 용서받을 필요가 없다고 그들의 마음이 설득되어진 상태이기 때문에 분명한 이해 없이 그것을 듣게 된다. 오직 그들은 그들의 모든 자랑하는 선행이 얼마나 불충분한지를 알게 될 때 — 오직 그들이 그들 삶의 이런 저런 잘못 때문이 아니라, 그들의 전적인 성품 때문에 만족되지 못할 때, 그래서 그들이 "하나님, 죄인에게 은혜를 베푸소서"하고 외칠 준비가 될 때 — 그제야 복음이 그들의 상태에 대해 말하며, 또한 그들이 필요로 하는 치료를 제공해 준다는 것을 깨닫기 시작할 것이다.

데니의 「화해에 대한 기독교 교리」(Christian Doctrine of Reconciliation)[48]에는 결코 바울의 가르침에는 동화될 수 없다고 하는 현대인의 불평하는 마음을 꿰뚫는 구절이 있다. "지적인 바울을 발견하고 바울이 전한 그대로 복음을 영접했던 사람들이 언제나 있었다. 만약 신학교 강의실이 아니고, 선교지의 강단이나 거리의 골목들 그리고 외떨어진 방들 안이라면 그런 사람들은 여전히 존재한다. 이것은 그를 이해하기를 원하는 역사적 학문이 아니며, 또한 천재들의 관점도 아니다. 이것은 절망이다. 바울은 학자들을 위하여, 철학자들을 위하여 설교하지 않았다. 오히려 그는 죄인들을 위하여 설교했다. 그는 아무 말을 하지 못하고 하나님의 심판대에 정죄받은 자리에 서 있게 될 자들을 제외한 복음은 가진 적이 없었다. 그들은(위에서 언급된 지적인 바울을 발견하고 그의 복음을 영접했던 사람들 — 역자 주) 바울을 이해했고, 여전히 그를 특출나게 지혜로운 자로 안다. 어떤 한 사람이 찰머

---

48) 위의 책 p.180.

(Chalmers) 박사와 이야기할 때 "만약 하나님께서 불의한 자를 의롭게 하지 않으셨다면 우리가 무엇을 할 수 있었을까요?"라고 말할 만큼 단순할 때, 그는 자신의 손에 바울의 화해의 복음의 열쇠를 소유하고 있는 것이다."

위의 말들은 유효한 말들이다. 하나님은 '지혜롭고 분별력 있는 자' 곧 어떤 기술로 자신을 구원할 수 있다고 확신하는 복잡한 현대인들이 아니라, '어린아이들' 곧 '절망'이 의미하는 것을 알고 위대한 '단순함'을 갖고 있는 사람들에게 그리스도 안에 있는 그의 은혜의 깊은 비밀을 드러내신다. 이것은 그 때도 진리였고, 결코 진리가 아닌 적이 없었으며, 여전히 지금도 진리이다.

그러나 실제로 바울이 설명한 구원이 낯설고 우매하다고 말하는 것은 수세기를 내려온 기독교 증거 앞에서 사라져야만 한다. '그리스도인'들이 했던 그 발견, 즉 그가 십자가를 붙들 때, 그의 죄짐은 벗어지고, 빈 무덤으로 굴러 들어가 더 이상 보이지 않게 되고, "주께서 그의 슬픔으로 우리에게 안식을, 그의 죽음으로 우리에게 생명을 주셨도다"며 즐거워하며 길을 갔던, 이 발견은 전 세계 어느 곳, 어떤 계층의 사람들에게나 확실하였다. 콜니쉬(Cornish)의 광부들과 킹스우드(Kingswood)의 갱부들이 18세기에 증거했던 것, 즉 그는 말소된 죄의 권세를 부수시며 그는 죄인들을 자유케 하신다는 것은 그런 경험을 한 수천 명의 사람들에 의해 진리임이 밝혀졌다. 어거스틴과 번연, 카우퍼와 뉴튼, 토마스 칼머와 제임스 스메탄과 같은 이들이 그들의 궁핍과 죄와 절망 속에서 바울 사도가 그리스도 안에서 은혜로 인한 믿음으로 말미암는 칭의를 말하는 곳에서 어떻게 구원을 발견했는가를 말할 때, 수많은 사람들이 그들에게 동의한다. 바울의 생각들이 오래되고, 고립되고, 비현실적이라도, 그의 주장들은 그의 기독교 공동체 안에서는 그렇게 여기지 않았다.

3. 복음의 전달

그렇지만 여기에서 우리는 일반적으로 말하는 '전달의 문제'를 만난다. 어떻게 우리가 바울의 진리를 우리의 시대에 실감나게 할 수 있을까? 우리가 전하는 사람들은, 시대의 어려움에 노출되어 있기 때문에, 바울의 개념과 사고 형태가 낯설고 거리감 있다는 것을 발견한다. 만약 우리가 "구원 은혜의 맥락 속에서 인간의 극악한 죄성의 성서적 역설"에 대해 대화하려 한다면, 우리는 마땅히 우리 회중 가운데 있는 혼동하는 많은 사람들을 '마음에 새겨서는'(register) 안 된다. '창세기는 생물학 용어이며 계시록은 가방 이름'[49]이라고 생각하는 세대의 귀에는 '은혜'라는 말이 생소하게 다가간다. 거리의 사람들 혹은 교회 의자에 앉은 사람들은 '구속'이나 '칭의'를 무엇이라고 생각하는가? 구속은 노예 시장에서 온 은유이고, 칭의는 법정에서 온 말이다. 바울이 그의 개 종자들에게 그들이 그리스도의 희생에 의해 '구속된' 것을 말할 때, 그는 그들에게 명확한 의미를 보여 주는 비유를 사용했다. 왜냐하면 노예제도에서 온 '구속'이란 말은 친숙하고, 그들 삶에서 일상의 과정이었기 때문이다. 나는 구속이란 말이 오늘날의 사람들에게 거룩한 소리와 암시들로 가득하지만 중요성은 별로 없는 성직자의 틀에 박힌 말이 될까 염려스럽다. '칭의'라는 말도 이해하기 쉬운 말이 아니다. 그 말 자체만으로는 설명되지도 않을뿐더러, 개신교와 가톨릭교의 긴 논쟁이 의미를 혼동시켜 놓았다. 이것에 대해 무엇을 한다는 것은 매우 어려운 질문이지만, 많이 숙고할 가치는 있다. 바울이 그 단어를 사용했을 때, 그 단어는 깊은 복음적 진리를 포함하는데, 그 진리는 우리 세대에 몹시 필요하다. '칭의'란, 한마디로, 하나님의 거룩성과 인간의 죄성에 의해 야

---

[49] D.H.C. Read, *The Promblem of Communication*, p.86.

기된 문제를 제기한다. 만약 인간이 하나님과의 친교와 구원을 반드시 찾아야만 한다면, 어떻게 죄인이 꼭 필요한 하나님과의 올바른 관계를 확실히 가질 수 있겠는가? 오늘날의 많은 그리스도인들은 심지어 그 문제를 파악조차 못 하고 있다. 왜냐하면 그들은 죄에 대한 얕은 시각을 갖고 있으며, 그들은 하나님을 자기 만족과 편하게 사는 것을 위한 신이라고 상상하며, 또 하나님과의 교제가 단순한 관계라 생각하면서, "우리들이 기쁠 때 그리고 어떠한 힘든 것도 없을 때에 의존하기 위하여"[50] 감상적이고 비성서적인 하나님의 개념을 마음에 품고 있기 때문이다. 그래서 그들은 신학의 도덕적 기초를 타협하며, 바울에 의해 표현된 "이신칭의"란 심오한 진리를 놓치고 있다.

오직 하나님께서 어떤 의미에서 의롭다고 여기시는 그들만이 하나님과의 교제에 적합하다. 그렇지만 "의인은 없나니 하나도 없기" 때문에, 어떻게 사람들이 우리에게 필요한 하나님과의 바른 관계성을 유지하길 바랄 수 있겠는가? 이것은 (바울이 말하듯이) 우리가 그리스도 안에서 신적인 해결을 가지고 있는 문제이다. 왜냐하면 이것이 바로 그리스도의 구속적 사역을 통해 인간이 오로지 믿음으로 말미암아 하나님과 올바른 관계를 가능하게 만든 복음의 정수이기 때문이다. 우리가 시대에 뒤떨어진 것처럼 가볍게 여겨 잊어 버렸던 우리 선조들의 신학적 체계는 최소한 인간의 문제를 보고 신적인 해결을 이해했다. 그리고 우리가 '칭의'와 대체하려고 어떤 단어들을 적용했다 하더라도, 그 말이 나타내는 진리를 강조하는 것은 오늘날 복음을 가르치고 전파하는 모든 사람들의 의무이다.

다행스럽게도 바울의 세 번째 용어 '화해'(reconciliation)는 그렇게 전달의 문제를 일으키지 않았다. 화해에는 분명한 두 가지 이점(利點)

---

50) V. Taylor, Forgiveness and Reconciliation, p.79.

이 있다. 첫째로, 그것은 인격적인 관계의 언어로 — 결코 시대에 뒤떨어지지 않는 언어- 전체적 문제를 말한다는 것이다. 둘째로, 그것은 보편적 필요에 답한다는 것이다. 왜냐하면 생각된 실체로의 화해는 모든 사람이 갈망하는 기본적인 것이며, 루크레티우스(Lucretius)와 버질(Vir-gil)에서 괴테(Goethe)와 워즈워드(Wordsworth)에 이르기까지 세계 모든 위대한 작가들의 표현들에서 찾을 수 있는 것이기 때문이다.

그렇다면 노예시장 또는 법정의 언어가 현대인들에게 아무런 인상을 주지 않을 때에는, 일반 가정에서 쓰는 언어(the language of the home)가 현대인들을 움직일 것이라고 생각해 볼 수 있다. 그리고 그것을 사용함에 있어서 우리가 세계에서 가장 좋은 근거를 갖고 있지 않는가? 우리 주님의 가장 훌륭한 비유가 길잡이 역할을 해주지 않을까? 만약 탕자 비유의 교리가 "불의한 자들을 의롭게 하시는" 하나님의 교리가 아니라면, 탕자 비유의 교리는 도대체 무엇이란 말인가? 탕자는 그가 이룬 어떤 것에 의해서가 아니라, 단순히 회개하고 그의 아버지의 용서하는 사랑을 신뢰함으로써, 그의 아버지와 올바른 관계, 즉 완전히 정상적 관계가 되었다.[51]

확실히 우리가 오늘날 화해의 진리를 설명하는 것은 바로 이처럼 움직이고 있는 인간의 용어들 안에서이다. 사람들은 탕자의 상태, 즉 자신의 죄로 인해 멀어지고, 하나님에게서 유죄 판결을 받은 곤경에 있다. 이것이 그들이 배워야만 하는 첫번째 것이며, 그들은 탕자와 같이 '절

---

51) 용서에 대한 '바울'의 사상을 싫어하는 어떤 사람들은 "탕자의 비유"에는 어떤 속죄도 없다고 지적한다. (a) 비유에는 그리스도도 없으며 (b) 비유는 하나의 주요한 주제를 다루며, 속죄는 다른 주제 - 즉, 신적 용서의 자유함이 아니라 그 비용에 관련된다. 그리고 (c) 적합한 속죄의 교리는 단순히 하나의 비유에 기초한 것이 아니라, 예수님의 삶과 가르침과 죽음과 부활과 그리스도인의 경험에 기초한 모든 사실들에 기초해야만 한다. 이렇게 말하는 것은 옳다.

망'을 통해서만 이것을 배울 수 있다. 그러한 절망은 복음의 좋은 씨앗을 위한 적절한 토양이다. 그러므로 그들은 우리들이 알 수 있는 모든 적절함과 현대성을 갖추어 선포된 '아주 오래된 이야기'를 들어야만 한다. 즉, 하나님 아버지께서는 마침내 그들의 죄와 죄책을 처리하시기 위해 그의 독생자를 주셨고, 필요한 모든 것은 회개와 신앙의 결단이라는 내용이다. 만약 우리가 이것을 한다면 사람들은 신선한 출발, 새로운 시작의 가능성을 볼 것이고, 하나님의 은혜에 의해 그들은 그것을 이해하고 자신의 것으로 만들 것이다.

4. 십자가에 대한 설교(The preaching of the Cross)

이 모든 것은 바울이 그랬던 것처럼, 하나님의 용서가 죄인들에게 유효하게 한 훌륭한 장소로서 십자가를 전하는 것을 포함한다. 바울은 십자가를 제외한 혹은 십자가를 별로 중요하게 여기지 않는 복음을 결코 복음으로 보지 않았다. "성경대로 그리스도께서 우리 죄를 위하여 죽으신" 것은 모든 사도들의 케리그마인 것처럼 바울의 케리그마에서도 첫 번째 주제였다(고전 15:1-11).

그러나 바울이 자기 시대의 사람들에게 그리스도를 선포한 것처럼 우리도 우리 시대의 사람들에게 '그리스도와 십자가에 못박히신 그리스도'를 선포할 수 있을까? 우리는 현대인이 십자가에 대한 '바울의 사상'에서 '악평거리'(scandalous)를 찾아낸다고 이야기했다.[52] 왜냐하면 오늘날 인간의 삶과 관계에 만연된 비인격화로 인해 인간은 어떤 죄의식도 없으며 바로 '하나님의 진노' 즉, 모든 형태와 모양으로 나타나는 악의 세력에 대항해 끊임없이 그리고 편재하여 나타나는 거룩한 사

---

52) Brunner, *The Scandal of Christianity*, p.73 이하를 보라.

랑의 반응이라는 개념에서 뒷걸음질치고 있기 때문이다.

지금 이 시대의 분명한 성향은 십자가를 설교하는 자를 어려움에 직면케 한다. 사람들이 십자가에 달린 인자를 우주의 비밀로서 영접하도록 초청했을 때, 한때 우리는 사람들에게 많은 것을 요구하고 있었다고 발리올(Balliol)의 조웨트(Jowett)는 말했다. 힘을 숭배하며 원자폭탄이 상징이 된 이 시대에게, 나쁜 사람들을 선과 영원한 길로 인도하는 가장 어려운 문제를 해결하기 위해 하나님께서 자신의 능력을 나타내 보인 곳으로서 십자가에 못박힌 인자를 선포하는 것은 결코 쉽지 않다.

그럼에도 불구하고 우리는 심지어 바울의 시대에도 십자가 사건은 '스캔들'(scandal)이었다는 것을 우리의 위로로 기억할 수 있다. 19세기를 뒤돌아보면 역사 속에서 어떤 단 하나의 사건도 선을 위한 능력에 있어서 십자가에 못박힌 그리스도와 비교할 수 없다. 또한 아무리 시대정신이 불운하고, 우리의 선포가 불충분하다 하더라도, '십자가의 말씀'은 여전히 그 자체로 사람들의 이목을 끌고, 마음을 사로잡고, 압도한다. 우리 시대의 비인격적 사람들의 마음 깊은 곳에서는, 그들 자신의 삶이 비극이나 큰 재앙으로 찢겨지고 십자가에 못박혀 있고, 그들은 '십자가 위의 그 낯선 사람'과 친족으로 느낄 뿐만 아니라 여기 갈보리에서 성직자의 진부한 말이나 훌륭하게 도출된 신학적 원리가 아닌 사실 곧 실체를 다룬다는 것을 느낀다. 우리는 여기에서 하나님께서 그리스도 안에서 '악을 책임지시고 다소 악을 선에 포함시키는' 그런 활동의 신비 속으로 사람들을 더 깊게 인도하는 기회와 접촉점을 발견할 수 있지 않겠는가?[53]

포괄적으로 말해서 사람들은 십자가를 세 가지 방법으로 보아왔다. 계시와 승리와 속죄의 희생으로. 각 관점은 나름대로 자신의 진리를 가

---

53) Letters of Principal James Denney to his Family and Friends, p.187.

지고 있으나, 이 세 가지 모두 합쳐서 어떤 것도 속죄의 모든 진리를 속 속들이 말할 수 없으며, 인간의 구원도 어떤 특별한 이론을 받아들이는 데에 따른다라고 할 수 없다. 그럼에도 불구하고 단지 바울의 설교가 오늘날 그 강조를 어디에 두는지를 발견하기 위한 것이라면, 바울이 어떻게 십자가를 보았는지를 질문하는 것은 가치가 있다.

첫번째 관점은 정상적으로 아벨라드(Abelard)의 이름과 관련된다. 이것의 기본적인 사상은 십자가의 그리스도가 인간의 죄와의 충돌에서 하나님의 고통 받는 사랑을 가장 잘 드러낸다는 것이다. 그리고 그 계시에 의해서 죄 된 인간의 마음을 회개로 움직이게 한다는 것이다. 헬렌 와들(Helen Waddel)은 아벨라드에 관한 그녀의 소설에서 그것을 감동적으로 보여 주고 있다. 아벨라드와 그의 친구 티볼트(Thibault)는 덫에 걸려 짜부러져 있는 작은 토끼를 발견했다. 아벨라드는 갑자기 그의 친구에게 "너는 정말 하나님이 계시다고 생각하니?"라고 묻는다. 티볼트가 대답했다. "나는 하나님이 덫 안에도 계신다고 생각해" "덫 안에? 너는 덫이 또한 하나님을 고통스럽게 했다는 것을 말하는 거니? 갈보리를 의미해?" "그래, 그러나 그것이 우리가 보는 것들 중 겨우 하나에 불과해. 저것처럼." 티볼트는 가운데서 톱으로 잘려 넘어진 나무를 가리켰다. "어둠이 저기에서 에워싸고, 그것이 나무 전체를 위아래로 지나가지. 그러나 우리는 단지 어둠이 가로질러 가는 곳만을 볼 뿐이야."

바울이 십자가를 늘 그와 같이 보았는가? 나는 그렇다고 생각한다. 로마서 8장 32절을 쓴 사람은 분명히 우리의 구속에 있어 모든 것이 궁극적으로 하나님의 자기 희생으로 돌아가는 것을 보았다. 그리고 십자가를 설교하도록 부름받은 우리도 또한 계시 즉, 하나님의 사랑과 인간의 죄가 동시에 계시된 곳으로써 십자가를 보아야만 한다. 그렇지만 나는 바울의 설교자는 이것보다는 십자가 안에서 더 많은 것을 보아야 한다고 확신한다.

두 번째 관점은 승리자 그리스도(*Christus Victor*)란 책의 저자인 올렌(Aulen)이라는 이름과 관련된 것이다. 그것의 주요한 사상은 그리스도가 자신의 사역에 있어서, 특히 십자가 위에서, 어두운 악의 제국을 공격하여 악을 정복했고, 포로 된 자를 사로잡았다는 것이다. 십자가는 사탄과 죽음의 싸움(death-grapple)으로 그려지는데, 이 싸움을 통과해서 부활함으로써 그리스도는 승리자가 된 것이다. 바울이 "정사와 권세를 벗어버려 밝히 드러내시고 십자가로 승리하셨느니라"(골 2:15)라고 썼을 때, 그가 생각했던 것은 십자가였다. 오늘날처럼 악의 인종적, 우주적 특성이 많은 사람들에게 귀신의 실재에 대한 믿음을 부활시키는 이때에, 이것 역시 우리들이 설교에서 강조하여야 할 점이다.[54] 마틴 루터는 그의 위대한 찬송, 한 견고한 성(Ein' feste Burg)에서 간증한 것처럼 그것을 어떻게 강조해야 하는지를 알았다. 그리고 우리 시대에도 오토 파이퍼, 폴 틸리히, 오스카 쿨만, 제임스 에스. 스트와르트 그리고 다른 이들도 그것이 다시 한번 새롭게 강조해야 한다고 주장했다.

그럼에도 불구하고 내가 바울을 바르게 이해했다면, 십자가의 세 번째 관점은 그리스도의 죽음을 죄를 위한 속죄의 희생으로 보는 것이며, 이는 바울의 생각을 지배하는 것이다. 실제로 그의 견해를 올바르게 평가하기 위해서는 우리는 역시 오래된 '법률상의' 속죄의 이론이 주장하는 진리의 요소들을 그것에 포함시켜야만 한다고 나는 본다.

요즘 우리는 '형벌의 대속'(Penal Substitution)이라는 말을 피하는데, 이는 과거의 사람들이 너무나 자주 그것을 미숙하게, 비윤리적 방법으로 표현했기 때문이다. 의심할 바 없이 역시 바울은 그리스도를 우리의 '대속물'(substitute)이라고 부르지 않는다. 비록 그리스도의 사역

---

54) 문제는 우리가 악에 대해 믿지 않는 세대에게 그것을 어떻게 설교하느냐?이다.

을 위해 바울이 사용한 전치사가 반대(anti)가 아니라, 초월(hyper)이라고 지적하는 사람들이 "대부분의 경우에 다른 사람들을 위해 행동하는 사람은 자신의 자리를 차지한다"라는 위너(Winer)의 격언을 잊고 있지만 말이다. '대리인'(representative)이라는 단어가 사용하기에 더 나을 것이다. 그러나 더 오래된 주석가들은 대체로 바울의 가르침을 잘못 생각하지 않았다. 그리고 오래된 속죄의 이론이 갖고 있는 진리는 속죄에 관한 바울의 전통적인 진술에 깊이 뿌리를 내렸다(롬 3:25; 갈 3:13; 특히 고후 5:21). "하나님이 죄를 알지도 못하신 자로 우리를 대신하여 죄를 삼으신 것은 우리로 하여금 저의 안에서 하나님의 의가 되게 하려 하심이니라"라고 바울은 선언한다. 십자가는 하나님의 약속에 의해서 우리의 정죄가 무죄한 그리스도에게 일어나는 신적 행위라는 것과 우리에게 이제 더 이상 정죄가 없다는 것 이 외에 또 어떤 다른 의미가 있을 수 있겠는가? 그 선언에서 '형벌적' 요소는 어떤 주석적 요술에 의해서도 제거되어서는 안 된다. 그리고 그것을 부인하는 십자가의 어떠한 교리도 진실된 바울의 것이라고 주장할 수 없다. 물론 우리는 '형벌'(penal)이라는 단어가 무엇을 의미하는지를 조심스럽게 항상 정의해야만 한다. 우리는 그리스도의 고난이 나쁜 양심을 통해서 그에게 이르렀다고 하는 생각이나, 하나님의 사랑하는 독생자가 신적 분노의 개인적 대상이었다는 생각에서 그리스도의 고난을 '형벌'이었다고 결코 말할 수 없을 것이다. 그러나 바울에게는 그리스도가 좋든 나쁘든 그가 통합되어지고 약혼한 인류 안에 있는 죄에 대항한 신적 반응을 완전히 깨달아야만 했다고 하는 그런 의미에서 그리스도의 고난은 확실히 '형벌'이었다. 만약 그가 이렇게 하지 않았다면, 과연 그가 죄로부터의 인류의 구원자 또는 죄인들과 하나님의 화해자가 될 수 있었을까?

"내가 우리 주 예수 그리스도 십자가 외에 자랑하는 것은 하나님께서도 원치 아니하신다." 바울의 자랑은 우리의 것이 되어야만 한다. 비록 그것이 우리 시대의 헬라 인들에게는 "우둔함"이 될지라도 말이다. 우리가 십자가의 완전한 논리적 근거를 얻는 것이 어려울 뿐만 아니라 불가능하다는 것을 알고 있는가? 그렇다고 실망하지 말자. 다른 사람들이 우리 앞서 그 사실을 알았다. 우리가 무엇을 하든 간에 우리는 십자가를 평가 절하하지 말아야 하며, 또한 그것에 대해서 사람들에게 소심하고 열의가 없는 확신을 제공해서도 안 된다. 가령 최종의 신비감이 갈보리 주위를 둘러싸야만 한다고 인정할지라도 우리 중 어느 누구도 갈보리 십자가의 깊이와 높이를 측정하지 못했을 것이라고 인정할지라도. 하나님께서 우리에게 주신 모든 빛을 사용해서 십자가를 공표해야 할 의무가 우리에게 놓여져 있다. 담대한 믿음을 갖고 높이 서 있는 이 복음의 진리를 꽉 붙잡는 것이 절망 중에 있는 어떤 영혼에게도 구원과 평안함을 결코 가져다 줄 수 없는 힘없는 상투어를 나열하는 것보다 훨씬 더 낫지 않은가? 때를 얻든지 못 얻든지 십자가를 전하라. 왜냐하면 이런 것에 의해서 죄인들이 살아나고, 십자가에 그들 영의 생명이 전적으로 있기 때문이다. 비록 그들이 우리를 능가할지라도, 그들의 바로 그 광대함이 하나님께서 그들 안에 계신다는 것을 우리에게 확신시킨다. 왜냐하면 우리가 더듬거리며 어떤 식으로도 그것들을 선포하면 타락한 세계의 필요를 충족시켜 주기에 충분한 복음이 이러한 주제들 안에 있다. 그리고 모든 성자들이 증거하였듯이 승리하는 그리스도인의 삶의 비밀은 오직 거기에만 있다.

내가 그들에게 그들의 승리가 어디에서 왔는가를 물었다.

그들은 하나같이 그들의 정복을 어린양에게, 그들의 승리를 어린양의 죽음으로 돌렸다.

Ⅲ. 새로운 삶(1)
- 그리스도와의 교제

한 구세군의 젊은 여인이 헬라 어에 능통한 한 유명한 주교에게 다가가서 진지하게 다음과 같은 질문을 한 적이 있었다고 한다. "당신은 구원받았습니까?" 이 질문에 주교는 대답하기를 "당신이 사용한 구원이라는 단어의 의미에 따라 받았을 수도 있고 아직 못 받았을 수도 있지요. 당신이 말한 구원은 소테이스(*sotheis*)를 말합니까, 아니면 세소스메노스(*sesosmenos*)나 소조메노스(*sozomenos*)를 말합니까?"라고 했다는 것이다.

이번 장에서 우리가 생각해 보고자 하는 것은 바로 이 세 가지 분사들 중에 세 번째 것인 "현재적 경험으로서의 구원"에 관한 것이다.

죄인인 한 인간이 회개와 믿음으로 그리스도를 통하여 하나님께 새 지위와 새로운 시작을 단번에 얻게 된 용서와 용납하심을 발견하게 되면, 바울이 카이노테스 조에스〈새 생명(*kainotes zoes*)〉라고 부른 그리스도가 주는 새로운 질서의 삶인, 완전히 새로운 종류와 질을 가진 삶으로 들어가게 된다. 그는 전에는 알지 못했던 내적인 평화를 즐긴다. 그의 마음속에 성령은 이제 그의 안에 탄생된 "영광의 소망"인 그의 하나님의 자녀 됨과 영원한 소망을 확신시킨다. 그러나 이것은 갑자기 그리고 애매한 처지를 통해서(*per saltum*) 죄가 없어지는 것을 의미하지는 않는다. 바울은 몽상에 젖어 있는 이상주의자가 아니라 현실주의자였다. 옛 성품은 그렇게 빨리 죽지 않는다. 결국 구속받은 사람은 아직도 육체 안에 있는 사람으로 그 안에 있는 죄악의 힘이 그를 끌어내리고 외부에서 오는 압제가 항상 그와 함께 있는데 이러한 현상은 이 세상 끝까지 간다. 사도 바울은 그가 성숙한 크리스천이었을 때 그 자신의 삶을 바라보면서 "내가 온전히 이루었다 함도 아니라"(빌 3:12)고 말했다. 그러나 우리는 사도 바울이 그 당시 자신이 '성도'라고 높였던 고린도, 에베소, 빌립보 그리고 데살로니가 교회의 회심한 신자들보다 훨씬 더 참된 사람임을 확신한다. 의인인 동시에 죄인(Simul justus et peccator)은 루터의 새로운 사람에 대한 표현인데 이것은 완전 성화는 아직도 아주 먼 거리에 있음을 의미한다. 그럼에도 불구하고 그는 새로운 세상, 은혜의 세상에 들어와 있고 부룬너가 어딘가에서 말한 것처럼 새끼 병아리에게 달걀 껍질처럼 비록 아직도 '옛 사람'의 구습이 많이 남아 있지만 잠재적으로 새로운 사람이다. 그가 죄가 전혀 없었던 사람이 아니라면 그의 전 주인인 죄의 능력은 깨어진 것이다.[55] 그는 새 주인인 그리스도를 얻게 되었고 성령의 도우심을 받아 육과 악의 세상에 대적하여 선한 싸움을 싸우기 위해 부르심을 입은 것이다.

이러한 논리는 20세기에 사는 우리의 생활과는 아무 관련도 없는 1세기의 신학처럼 들리지 않는가? 그렇다면 다음의 두 가지를 하도록 해보라. 첫째는 사도 바울의 고전적 구문들에서 나타나는 주요한 사상들을 오늘의 삶의 언어로 읽어 보도록 해보라. 그후에 우리 자신의 심정을 살펴보라! 크리스천적 경험을 가지고 있는 우리는 반드시 영적 실제 또는 사도 바울이 말한 옛사람이 죽는 것이 얼마나 힘든 것인가뿐 아니라 그리스도가 역사하는 삶의 실제가 얼마나 새로운 것인가를 깨닫게 될 수 있을 것이라고 확신한다.

---

55) 이점에 관하여는 Nygren, *Romans*, p.240 이하를 보라.

1. 그리스도와의 교제 가운데 있는 삶

세례가 관문인 '새로운 삶'은 무엇보다도 '그리스도 안에' 있는 삶이다.

다른 어떤 중요한 의미가 있다 하더라도 성 바울에게 있어서 '그리스도 안'에서의 삶은 '그리스도와의 관계 안'에서의 삶을 의미한다. 슈바이처(Schweitzer)가 말한 것처럼 사도 바울은 주요하거나 크리스천이 되는 것은 그리스도와의 교제 '그가 육체에 거했던 때'와 같은 더 이상 구속되거나 억제된 그리스도가 아니라 부활에 의하여 편재하는 우주적 존재가 된 '세상에서 구속을 받지 않는' 그리스도 속에서의 경험에 있다는 것을 포착했다. 이러한 그리스도와의 교제 속에서의 경험은 바울이 쓴 모든 서신에 나타나 있다. "그런즉 누구든지 그리스도 안에 있으면 새로운 피조물이라"(고후 5:17). "내게 능력 주시는 자 안에서 내가 모든 것을 할 수 있느니라"(빌 4:13). "항상 우리를 그리스도 안에서 승리케 하시는 하나님께 감사하노라"(고후 2:14). 그리고 그것의 가장 깊고 풍부한 것에서 죽으시고 다시 사신 그리스도와의 교제의 경험에서 신자들은 살고, 죽고, 그리고 새로운 삶으로 다시 일어나는 것이다.

이러한 모든 것들에 대해서 최근 한 기자[56]는 이렇게 말했다. "바울 사상의 절정은 일상적인 삶 속에서 일상적인 크리스천은 바로 '그리스도 안'에 있는 것이다. '그리스도 안'에 있다는 것은 특별한 은혜를 체험하는 극소수의 사람들로 국한되는 것이 아니라 그리스도인의 일반적 체험이다. 그것은 일상적 크리스천의 경험이다. 기독교는 일상을 변화시킨다. 이 구문이 자유롭게 사용되긴 하지만, 가볍게 언급되는 그것의 실제는 그리스도와의 관계다.

살아 계신 주님과의 교제 속에서 우리는 바울뿐만이 아니라 사도적

---

56) A. Raymond George, *Communion with God in the New Testament*, p.148.

기독교의 전체에 근본적인 어떤 것을 말할 수 있다. "어떤 사도도 그리스도를 기억하지 않았다"는 말은 역설적으로 사용되었다. 초대 기독교인들에게는 현저한 기적이 현재의 능력으로서의 그리스도였지 그리스도가 역사상의 감탄의 대상은 아니었다.

나는 20세기에 사는 우리 기독교인들이 이러한 사실을 오늘날 기본으로 삼고 있는지 궁금하다. 그리스도의 부활을 믿는 것이 무엇을 의미하는지 우리는 진정 이해하고 있는가? 제임스 스튜어트(James S. Stewart)[57]는 "죽은 자 가운데서 부활하여, 그러므로 영원히 살아 있는, 순서를 보라. 다음은 우리 동시대의, 사람을 그 다음은 우리 얼굴과 얼굴을 맞대어 대면하게끔 된다."고 한다. 우리는 크리스천의 삶의 진정한 비밀이 현재의 그리스도와의 이루어지는 관계에 있다는 것을 충분히 깨닫고 있는가?

셰익스피어는 진토가 되어 올 수 없다네.
아본에 있는 그의 무덤에서 질문을 던져도 소크라테스와 셸리도 잠자고 있네.
아테네 사람과 이탈리아 사람으로…. 그들은 보지 못한다오.
오 크리스천들이여, 홀본과 5번가를 붐비는 이들이여,
그대들은 만나보지 않을 텐가, 죽음을 무릅쓰고 나사렛에서 온 방랑자를.[58]

이것이 사실이 아니라면, 기독교는 종교적 골동품 수집의 흥미로운 연습에 지나지 않으며, 그리스도 자신은 잊힌 세월의 해안가에 좌초되어 죽은 인물에 지나지 않는 것이다.

예수 그리스도는 단순히 사후에 영향을 주는 분이 아니고 현존하는

---

57) *A Faith to Proclaim*, p.153.
58) John Drinkwater

인물이라는 사실이 19세기를 거쳐 내려온 크리스천 성도들의 간증이다. 그러나 수많은 그리스도의 추종자들이 있는 크리스천의 제자도가 단순히 1900년 전에 갑자기 인간의 모습으로 나타나 특이한 행동과 언행으로 잠시 동안 주목을 받다가 영원히 사라진 한 사람의 교훈과 삶의 본을 따르는 것이라 한다면 이것은 아주 괴상한 일이다.

크리스천의 삶의 방식을 복음서에 기록된 예수의 모범과 가르침에서 찾는다는 것은 논쟁의 대상이 아니다. 왜냐하면 바울 자신도 '그리스도 법의 성취'를 말하며 '그리스도를 본받는' 삶을 형성할 것을 촉구하고 있기 때문이다. 그러나 '그리스도에 의한' 삶의 절대적 비밀과 '그의 법을 성취하는 것'은 바울도 잘 알았던 것처럼 그리스도와의 동행하는 삶이다. 매일 그와의 교제와 그의 힘에 의해서 사는 삶. 그것은 아직도 비밀이 아닌가? 필립 부룩스(Phillips Brooks)[59]는 말하기를 "크리스천이 되는 것은 단순히 떠난 선생님(Teacher)을 기억하고 그의 계명을 기억하고자 노력하는 것이 아니라 살아 있는 친구(Friend)와 함께 살려고 노력하는 것이며, 그의 현재의 삶, 현재의 경고와 영감에 집중하려는 노력이고 그로 하여금 우리의 생활의 크고 작은 모든 일들을 인도하도록 하는 것이다. 그와의 개인적 친분은 크리스천 믿음의 영혼이다. 그것이 바로 크리스천 믿음이다"라고 하였다.

이것을 "신비주의"라 한다면, 더 정확한 표현으로 "나와 당신의 교제"(I-and-Thou communion)라고 하는 편이 날 것이지만 모든 진실한 크리스천은 신비주의자가 될 것이다. 옛 신비주의자들이 말하기를 "나는 나의 비밀을 가지고 있다"(*Secretum meum mihi*). 크리스천들도 말할 수 있지만 자신의 내면적 경험을 다른 사람들에게 충분히 설명한다는 것은 불가능하다. 그러나 그것은 일시적인, 변하기 쉬운 그리스

---

59) *Christ and Life and the Light*, p.104.

도 현현의 감각이었을 수도 있다. 그러한 경험들에 대적하는 많은 말들이 있지만 그 경험 자체는 실제적인 것이다. 퀘이커교도 중의 휘티어(J. G. Whittier)는 지금 나를 도우시는 그분은 "따뜻하고 감미로우며 부드럽다"고 말했고, 회중주의자 팔머(Ray Palmer)는 "나는 당신을 보지 못하고, 듣지도 못하지만 당신은 나와 자주 함께 계십니다", 또한 로마천주교의 톰슨(Francis Thompson)은 "게네사렛이 아닌 테임즈강을 걷고 계신 주 그리스도시여!"라고 표현했다.

이제 우리는 1세기경이나 바울의 특정한 어떤 것을 다루고 있는 것이 아니라 독일인의 말처럼 어떤 "일반 그리스도교적"(gemerinchristlich)이며 전 세기에 걸쳐 기독교에 있어서 일반적인 사실들을 다루고 있는 것이다. 성 바울과 패트릭, 사무엘 루떠포드(Samuel Rutherford)와 조지 폭스, 데이빗 리빙스톤과 찰스 래이븐, 등 뿐만 아니라 역사에 기록이 안 된 수많은 사람들이 주님의 보이지 않는 현존과 동행하면서 이 세상의 밝고 어두운 모든 곳들을 걸어왔다.

2. 그리스도 공동체 안에서의 삶

그러나 '그리스도 안에서의 삶'은 또한 그리스도의 공동체 안에서의 삶을 의미한다. 최근의 학계에서 나온 한 말을 보면, 그 주장이 일반화되어 있음을 볼 수 있다. 그것은 그리스도의 몸인 교회 안에서의 생활을 의미한다. 불트만이 신비적인 연합을 위한 형태가 되는 것과는 거리가 상당히 먼 '그리스도 안에' 서는 일차적으로 교회론적인 형태라고 쓸 때에,[60] 그가 거부한 내용은 틀리지만 그가 주장한 바는 맞다. 우리는 자

---

60) *The theology of the New Testament*, p.1311.

주 "기독교는 그리스도를 의미한다"라고 할 때 그 말은 틀림이 없지만 그때 그리스도는 바로 교회를 의미하는 것이다. 사도 바울은 "그리스도 안"에 있다고 주장하면서, 즉 그리스도인이라고 주장하면서 "교회의 무용론"을 주장하는 사람을 가장 이해하기 정말 힘들었을 것이다.

바울을 영적인 일의 대스승으로 부르는 우리 개신교도들이 그를 자주 기억하지 못하는 것이 사실이다. 후프트(Visser' t Hooft) 박사는 19세기 개신교도들이 교회론을 중요하게 다루지 않도록 하는 데 일조했다. 19세기는 심지어 경건한 기독교인들마저도 "우리에게 교회를 위한 교회가 아닌 기독교를 달라"고까지 외치는 소리를 들을 수 있는 복음적 개인주의의 전성기였다. 예수께서 교회와 같은 새로운 사회의 시작을 결코 의도하지 않았다는 정통비평주의의 교리를 고안했던 많은 신약학자들에 의해 이 이단 사설은 확증되었다. 신약성경이 "붙어 있지 않은 그리스도인"(unattached Christian)에 대해서 모르는 바와 같이, 성경은 '혼자만의 종교'에 대해서 외면하고 있다. 그러나 신약에서 말하는 교회의 중심성을 이해하는 데 실패한 몇몇의 선조들은 교회는 주님과의 영적 교제에 있어서의 선택적인 추가 사항이라는 개념에 최소한 색깔을 부여했다.

오늘날 우리는 이러한 소리를 많이 듣지 않는다. 우리는 더 이상 기독교의 구원을 구세주와 죄인 사이의 별개의 사건으로 생각지는 않는다. 교회의 신조는 컨퍼런스들에서 진부한 주제가 되고 있으며, 신학자들은 지금 어떤 기독교 교리도 개인의 입장에서 만족스럽게 진술될 수 없나는 것을 살 이해하고 있다.

지금까지 틀림없는 것으로 확신하기는 믿음의 초기 결정은 개인적인 사건이라는 것이다. 그 어떤 것도 하나님의 부르심과 그에 대한 영혼의 대답으로서 그렇게 유일하고 개인적이 될 수는 없다. 그러나 옛 표현을 사용한다면 한 사람이 '그리스도를 따르기로 결단할 적에는' 성 바울이 '그리스도의 몸'이라고 불렀던 것에 그는 인정사정없이 들어간다는 것을 의미한다. "우리는 그리스도께 단독으로 관계를 맺게 된다"라고 맥케이(John A. Mackay) 박사가 쓴다.[61] "그렇다고 우리가 그리스도 안에서 독자적으로 살 수 없다."

바울의 기독교 개념에서 교회는 선택 사항이 아니라 필수 사항이다. 즉 하나의 열외가 아니라, 하나의 필수조건(sine qua non)이다.

나는 그 능력을 갖고 있지 않지만, 심지어는 아주 뚱뚱한 신학자가 풍랑을 만나서 종종 물에 빠질 것 같은 물 속에서 안전하게 길을 갈 능력을 갖고 있다고 하여도 교회에 관한 바울의 모든 가르침의 현 시대의 타당성을 탐구한다고 해도 여기서는 아주 불가능하다.

그러나 나에게 세 가지의 아주 단순하고 분명한 문제를 제기하라.

첫번째는 교회의 성격에 관한 것이다. 그것은 부룬너가 최근에 매우 적절하게 질문했던 문제를 포함하는 것이다.[62] 교회는 오늘날 우리가 "교회들"이라고 부르는 기관과 관련하여 영적 기관으로서, 그리스도의 몸으로서, 어떻게 서는가? 교회는 일차적으로 어떤 것이 되어야만 하는가? 교제인가 기관인가? 바울의 강조가 있는 곳에 어떤 의심이 있을 수 있을까? 그에게 있어서 교회는 현저하게 먼저 기관이 아니고 교제가 우선이라는 것이다.

이것은 교회의 머리이신 그리스도께 연합된 그리고 성령을 통하여 서로서로에게 연합된 순수한 교제이다. 즉 고도로 조직화된 단체도, 법적으로 잘 정비된 기관도 아니다.

누군가는 "이것은 모두 매우 잘된 것이지만, 당신은 교회가 아주 어

---

61) God's Order, p.117.
62) In The Misunderstanding of the Church.

릴 때에 관하여 말하는 것이다. 19세기에 잇달아 일어났던 발전은 필요 불가결한 것이다."라고 대답했다. 우리는 이것을 인정할 것이지만 기독교가 거대한 이방 세계 속에 들어갔고, 세상의 도전을 겪어야만 하는 것으로, 그것을 대답함에 있어서 탄원하는 것이 충분한지 아닌지가 아직 궁금하지만, 그것은 조직되게 해야 하고 교회 자체의 율법과 함께 기관이 되게 결속된다.

법적 또는 정치적인 기관이 되었던 한 교회의 최고의 범례로서 로마 교회를 취하자. 그리고 잉게(Inge) 박사가 그것에 대하여 무엇을 말하려 했는지를 듣자.

"신약에서 전투적이고 정치적인 교회를 위하여 어떤 구분을 발견한다는 것은 불가능하다. 그러나 가톨릭 현대주의자들은 이 같은 발전이 필요 불가결하다고 논의한다. 즉, 그것은 상황에 의하여 교회에 압력을 가한다. 교회는 내부의 파괴적인 운동에 대항하여 그리고 파괴적인 운동이 없는 것으로부터 오는 핍박에 대하여 그 자체를 통합해야 한다.

만약에 그리스도가 그의 교회를 소생시키려고 했다면, 그것의 소생을 확인시킬 수 있었던 유일한 정책을 인정할 수밖에 없다라고 그들은 말한다. 그러나 이것은 신적인 것이어야 한다고 주장하는 기관에 대해 취하는 하나의 나쁜 방어다. 강압과 기만은 성령의 무기가 아니다.[63] 이 비판에는 근거가 있다는 것을 인정하지만 로마의 교회를 잠시 떠나 오늘날 교회를 보면 바울이 이해한 그리스도의 몸과 너무 다른 것에 대해 경악하며 충격받지 않는가?

여기 참으로 바울의 가르침은 교회의 말씀(vera ecclesia)이 무엇이 되어야 하는지에 관하여 아직은 하나의 건전한 회고자로서 섬길 것이다.

---

63) Vale, p.36.

다음은 우리 그리스도인의 계속되는 불일치 문제를 고려하자.

사도 바울은 "한 몸이 있다"고 말한다. 그에게 있어서 교회가 하나되어야 하는 이유는 교회 주님이 한 분이시기 때문이라는 것이다.

고린도교회에서 분당이 있다는 것을 들었다는 것 그래서 "그리스도께서 나뉘었느냐?" 하는 것은 완전한 공포다. 그리고 우리는 바울이 만약 오늘 여기 있었다면 마치 고린도교회의 분파를 호되게 책망했던 것처럼 오늘의 우리의 교회의 분열을 책망했을 것임을 의심할 수 없다. 아아 우리의 모 교회들에서 약간의 자기 만족과 함께 우리의 불일치를 아직 볼 수 있을 것 같다. 모든 우리의 책망에도 불구하고 우리는 다른 '교회들'의 그리스도인들과 영적 일치감을 가진다고 말함으로 스스로를 위로한다. 그리고 우리는 노래한다.

하나님 우리를 용서하소서
우리는 분열되지 않았네
우리 모두는 한 몸일세

우리 그리스도인들에게서 분열의 스캔들이 가장 무겁게 짓누르는 현장은 선교 현장에서다. "왜 당신들의 분열의 책임을 우리에게 다 억지로 전가하는가? 이방 세상의 목전에서 우리의 친구들과 함께 예배와 전도와 성만찬을 행하지 않느냐?고 회심자들이 부자연스럽게 묻지 않는가? 이 질문에 대하여 진정한 대답은 없다. 확실히 일반 개신교도의 탄원은 아니다. 왜 연합된 재결합에 관하여 염려하는가? 모든 진실한 그리스도인들 가운데는 이미 영적인 일치가 존재한다." 우리는 사도 바울이 일치된 연합의 필요를 망각했던 그들의 성령 받음을 그렇게 자랑스럽게 여겼던 고린도에 있는 영적 그리스도인들을 어떻게 다루었는지를 회상한다.

　우리가 오늘날 교단들과 분파들을 바라볼 때, 그 속에서 한 사람이 말한다. "나는 칼빈주의자다" "나는 웨슬리주의자다" 그리고 세 번째 "나는 루터주의자다"(더 이상 이름을 거명하지 않겠다)

　수세기를 내려오는 동안 우리는 바울에게서 들을 수 없는가? 분개하여 요구하기를, 그리스도께서 나뉘셨는가? 존 칼빈의 이름으로 세례를 받았는가? 우리가 존 웨슬리의 이름으로 신앙을 고백했는가? 우리가 마틴 루터의 이름으로 또는 윌리암 템플의 이름으로 기도를 하는가?

　갈라진 주님의 몸의 치유를 위하여 역사하고 기도하기 위하여, 이것은 진실로 자신을 그리스도인이라고 고백하는 모든 이들의, 그리고 그리스도 마음의 진정한 거울이 되기 위한 위대한 대 제사장적 기도를 믿는 모든 이들의 마음과 심장 위에 놓여진 하나의 과제이다.

　마지막으로 질문을 취해 보자. 이 세상에서 무엇이 진정한 교회의 사명인가? 아마도 당시에는 신약에서 가장 최근의 서신으로 여겼던 바울이 에베소교회에 주었던 것보다도 더 가치 있는 대답은 주어지지 못하였다.

　최우선 순위로, 바울은 그리스도의 몸을 "온전히 채워진 그에 대한 충만"으로 설정한다. 그리스도와 그의 교회는 머리와 몸의 관계에 있는 하나의 연합된 인격을 형성하고, 그리스도는 온전한 영적 분량으로 장성하신 몸으로서 충만하다.

　이 교회의 사명은 우주적 구속자이신 그리스도 안에서 모든 것이 하나로 통일되는 것이다. 이러한 성취에 관하여, 유대인과 이방인이 하나님의 공동체로 하나로의 연합은 보증이 된다. "현존하시는 그리스도 안에서" 모든 것이 완성될 때까지, 교회가 성장하고, 사람들의 분열을 치유하고, 그들을 하나님께와 서로서로에게 화목게 하는 것은 하나님의 뜻이다. 그와 같은 것은 바울의 비전인데, 진정한 공동체에 대한 갈증, 그러나 원자폭탄의 위협에 의하여 끊임없이 가려진 살아 있는 "가시철망(barbed-wire)의 실존 속에 사는 오늘날의 사람들에게 바울은 지적된 올바름을 가지고 말한다. 바울의 그 신적인 꿈이 실현되기 전에 우리에게는 여행해야 할 긴 길이 있다. 우리의 모든 분열에도 불구하고, 오늘날 한 교회를 보는데 그 교회는 진정한 면에서 전 세계에 있다.

갈릴리에 심겨졌고, 구세주의 고난으로 그 피문은 땀에 적셔진 겨자씨는 이제 큰 나무가 되었다. 진실로 그 잎사귀들이 열방을 치유하게 하소서!

3. 교제(Koinonia) 가운데 있는 삶

그러면 그리스도 안에 있는 새 삶이란 본질적으로 공동체 또는 코이노니아 가운데 있는 삶이다. 그 말은 그 속에서 그리스도와의 교제가 코이노니아의 초점과 절정임을 발견하는 예식이라는 것을 암시한다. 그 예식은 성만찬이다.

그래서 우리는 이 장을 바울과 성만찬에 관한 말로 장식하려 한다.

바울은 성만찬에 무슨 중요성을 추가했는가? 30-40년 전에 헬라 신비 종교가 학자들의 관심을 자극하고 있을 적에 라이첸스타인, 라케, 그리고 다른 학자들은 바울을 기독교계의 한 초석으로 오래도록 여겨 왔다. 진실로 초기 가톨릭 교회의 배태자로 보았다. 우리는 더 언급할 것인데 이 가톨릭주의는 그들의 성취되어진 일을 통한(*ex opere operato*) 성만찬으로 헬라 신비 종교와 매우 강력한 유사성을 지닌 하나의 성만찬적 종파였다. 결론은 분명하다. 바울은 기독교를 신비 종교로 바꿨다.

슈바이처(Schweitzer)로부터 데이비스(W. D. Davies)에 이르기까지 후대 학자들의 작업은 사도에 대한 모욕이 되게 했다. 여기서 우리는 그것들의 증거와 논쟁으로 가려는 것이 아니다. 사도 바울이 고린도전서 10장에서 그랬던 것처럼, 성만찬의 참여가 그들에게 어떤 도덕적 영적 안전을 부여하지 않는다는 것을 그의 개종자들에게 경고하기 위하여 그의 길에서 나온 한 사람은 "그리스도께서 나를 보내심은 세례를 주려 함이 아니요 복음을 전파케 하려는 것이라"(고전 1:17)고 쓸 수 있었던 한 사람인데 그가 성만찬에 대해 신비 종교의 견해를 가졌다고는 결코 말할 수 없다. 믿음이냐 성만찬이냐? 어떤 것이 구원론적인 필수조건 (sine qua non)인가? 내가 확신하건대 바울은 진정 이 둘 중의 하나 (Entweder-Order)를 싫어했을 것이다. 그러나 그의 서신의 어떤 솔직한 독자가 바울이 믿음을 인간 편에서 구원을 수용하기 위한 충분한 조건이라는 것을 의심할 수 있을까?

한편, 성만찬을 단순히 영적 진리를 위해 실행된 비유들로 여기는 과격한 개신교도는 그것을 지지하기 위하여 결코 바울에 주의를 기울일 수 없다. 내 판단으로는 로마서 6장에서 세례에 대한 바울 언어의 실재는 그가 구약 예언자들이 그들의 상징적 행동에 대하여 생각했던 그 동일한 방법으로 예식을 생각했다는 것을 보여 준다. 예언자는 행동으로 하나님의 목적 안으로 들어가는 것과 더 나아가 그것을 돕고 있는 것으로 자신을 이해했다. 그 행위는 아직 완성되지 않은 전적 실재에 대한 보증(arrabon)이었다. 공개된 상징은 아니지만 효과적인 표식인데 하나님의 성령 역사에 의하여 그것이 무엇을 의미하는지 정확하게 전달하도록 도울 수 있었다.

고린도전서 10장에 나타난 성만찬은 바울이 성만찬을 "초자연적 음식과 음료로 여긴 이유가 성만찬이 십자가에 생생히 못박히신 분과 그의 백성들 사이에 가장 인식할 친교를 중재해 주기 때문이었다.

이 전체 이슈에 관한 최근 미국 사람들의 판단은 내게는 옳게 보인다. 크레이그(Clarenc T. Craig)[64] 교수는 "바울은 그가 세례에 대하여 설명한 것보다 주의 만찬에 관하여도 더 이상 어떤 자동적인 덕목이 없다고 설명했다"고 쓰고 있다.

그러나 그는 공동심사의 가치에 관하여 아주 현실적으로 생각했다는 것은 분명하다. 그것은 단순한 상징이 아니고 하나의 진정한 하나 됨으로 그 속에서 떡과 포도주는 그리스도의 삶과 죽음이 사람들에게 부여했던 모든 것에로의 실제적 참여를 제공해 주었다. 바울이 후대 교회의 이론들을 예상했다는 것이 얼마나 거리가 먼 일인지를 묻는 것은 무익하다. 그러나 바울은 아주 분명한 임재 가운데서 확실한 믿음을 소유했다. 성만찬이 불필요한 믿음을 만들어 주지는 않았다. 그러나 바울은 공동체 안에서 주의 만찬이 경축되어진 것과는 거리가 먼 기독교 신앙의 표현을 이해할 수가 없었을 것이다. 그러므로 바울의 표준에 의하면 성만찬에 대한 퀘이커교도의 태도뿐만 아니라 주의 만찬에 관하여 단순하게 기억되는 모든 견해들은 부적합하다.

그에게 진정한 현존이 무엇을 의미했는지를 결정하기가 매우 어려웠을 것이다. 그러나 그는 확실히 하나의 원소에 비밀히 감추어진 신적 음식물로 성례전적 은혜를 생각하지 않았다. 그것은 그의 몸에 한 아스피린 효과와 같은 행위로서 사람의 혼에 행사되었다. 그에게서, 성만찬은 그것의 본질로부터라기보다도 차라리 그리스도의 구속하는 사역으로부터 그것들의 의미를 끌어내었다. 그리고 사람 편에서 믿음은 필수 불가결한 것이다.

고린도전서 11장에서 바울이 구원의 삼단계 모두 성만찬을 관련시키

---

64) The Interpreter's Bible, vol.10, p.143.

는 것은 아무런 가치가 없다. 성만찬은 그리스도의 완성된 사역 "당신은 주님의 죽으심을 선포한다"로 되돌아가서 본다. 그것은 그의 편에서 주인이신 살아 계신 그리스도와 함께하는 교제이다. 그리고 이것은 그가 오실 때까지 완전한 구원을 미리 맛보는 것이다. 사도가 제시한 성만찬의 의의에 관한 놀라운 요약은 카이른스(D.S. Cairns' s)의[65] 성만찬의 의의 즉, 대면하는 언약의 갱신과 함께 하나의 회고와 하나의 예언에 관한 놀라운 요약과 충돌을 일으켰다고는 보지 않는다.

성만찬에서 그 밤에 주께서 우리 인간과 우리 구원을 위하여 포기되신 그 밤으로 되돌아간다. "장차 일어나게 될 호머의 작품에 나오는 트로이 전쟁이 이야기에 나오는 일리아드(Illiad)와 트로이 전쟁 용사들이 20년의 숱한 우여곡절을 겪고 고향으로 돌아오는 이야기인 오딧세이(Odysseys) 이야기 후에 전 인류가 아버지의 식탁에 둘러앉아 하늘 집에 있게 될 때를 우리는 멀리 바라보고 있다." 그리고 우리가 주님을 믿음의 즐거운 응답으로 영접했을 때, 우리에게 그의 구원하심을 교통케 하시려고 우리를 위해 보혈을 흘리신 그분, '볼 수 없어도 그렇다고 알 수 없는 분이 아닌' 그분의 테이블에 앉아 계신 분과 함께 겸손과 경배가 있는 감사 가운데서 우리는 만남의 자리를 지키게 된다.

---

65) D.S. Cains, *An Autobiography*, p.201.

Ⅳ. 새로운 삶(2)
- 능력과 원리

  앞 장에서, 우리는 그리스도인의 새 삶을 "그리스도 안에" 즉시 "그리스도와의 교제 가운데" 또는 "그리스도의 공동체 안에" 사는 삶으로 설명했다. 그러나 단지 그 절반만이 이야기되었다. 만약 당신이 한 사람을 감옥에서 자유롭게 해서 새 삶으로 이끌어주도록 그에게 요청 받는다면, 그에게서 예견되는 새 삶에 대한 얼마의 아이디어를 그에게 주어야 하고 그것을 그가 얻을 수 있도록 얼마의 도움 또한 주어야 한다. 바울이 내가 사람을 따라 말한다(Kat' anthropon lego)라고 말했던 것처럼, 나는 하나님의 진리를 표현하기 위하여 하나의 인간의 유비를 사용하고 있다.

  사도 바울에 의하면, 하나님께서는 이 두 가지 것들을 복음 안에서 인간에게 제공하신다는 것이다. 하나님은 삶을 위한 형태를 그들에게 제공하고 계신다. 그것은 카타 크리스톤(kata Christon)으로 "그리스도를 따라"라는 말인데 현재로서는 연구되어야 할 관용구이다. 그리고 하나님은 그것을 성취하도록 그들을 능력으로 무장하신다. 바울은 이 능력을 "성령의 능력"이라 부른다(롬 15:13,19).

1. 새로운 삶의 능력: 성령

만약 사도 누가가 성령께서 어떻게 오순절에 마가 다락방에 모인 제자들에게 임하였는지의 기사를 우리에게 남겨두지 아니했다면, 우리는 그와 같은 사건을 추측에만 의존해야 하는 상황에 직면할 것이다. 예수의 부활과 승천은 교회를 충분히 설명하지 못한다. 성령을 설명하는 쉬운 용어는 그것이 승천하신 주님의 선물이라는 것이다. 그러나 성령의 강림은 예수님의 초림과 똑같이 역사적인 사건이다.

그러기에 성령은 사도 바울의 어떤 사적인 신학적 진술(theologoumenon)이 아니고, '그리스도 안에' 있었던 사람들에게 부여하신 하나님의 선물이다. 그러나 우리는 때때로 초대 교회 신자들이 일차적으로 방언을 말하는 것과 같은 비정상적인 현상인 성령의 증거들을 보려는 경향이 있었다고 말하기를 원치 않는다. 바울은 아가페(agape)처럼 신자의 마음과 삶 속에서 성령의 열매를 경시하거나 하찮게 여겨 관심을 덜 기울이는 사람들에게 관심을 촉구한 첫번째 인물이었다. 그러나 우리는 실수를 잘한다. 바울은 새로운 것이 아닌 교훈을 이해할 수 있게 가르치고 있었지만 그것은 우리에게 잊혔거나 무시되어 온 교훈이었던 것이다.

이의를 제기할 수 없는 것이 있다면 사도 바울에 의하여 제기된 복음 안에서 성령이 핵심이라는 중요성에 관한 문제이다. 단지 한 서신 빌레몬서에서만 성령이라는 단어가 나타나지 않는다. 그러나 다른 서신에서는 성령은 하나의 '주의 깊게 살피라'(Circums-pice)의 경우이고 로마서 8장과 같은 그의 위대한 장에서 성령은 전체를 지배한다. 어떤 사람은 전기를 배제하고 근대 시민 사회를 잘 설명하려는 것은 성령을 배제하고 바울의 기독교를 잘 설명하려는 것과 다를 바가 없다고 한다. 우리는 이제 바울의 가장 특징적인 가르침으로 우리의 기억을 신선하게 해

보자. 바울에게 있어서 기독교 시대는 곧 성령의 시대(the dispensation of the Spirit)인데 그것의 표적은 '자유'와 '능력'과 '기쁨'이다. 그러기에 그는 그리스도인의 삶을 초기 중기 말기 모두 성령의 환경에 다가 설정한다.

성령의 오심의 조건은 '믿음으로 복음을 듣는 것이고' 그리고 회심 후 세례 시에 신자는 보이지 않는 '인침'으로써 성령을 받는 것이다. 세례가 그 관문인 그리스도의 몸인 교회는 성령께서 그 교회를 통해서 깨우는 사역을 하시는 장소다. 모든 그리스도인들이 소유한 기능들을 은사(charismata)라고 하는데 이것은 성령께서 '은혜로 주신 선물들'(grace-gifts)을 말한다.

모든 진실한 그리스도인들의 고백인 '예수는 주이시다'라는 그 말은 근원이 성령께 있으며, 만약 우리가 십자가에서 선언하신 우리를 향한 하나님의 사랑을 확신한다면 이것은 우리의 마음속에 홍수처럼 밀려오는 성령 때문일 것이다.

진정한 크리스천의 기도도 '성령 안에 있는 것인데' 우리의 헌신 중에 움츠리고 머뭇거릴 때에 우리를 돕는 분은 성령이시고, 우리가 자식의 그 친밀함으로 "압바 아버지"(Abba, Father)라고 외칠 때에 우리가 하나님의 아들이라는 것을 확신시키시는 분 또한 성령이시다. 모든 권위 있는 그리스도인의 행위는 '성령에 의하여 행하는 것'이고, 모든 크리스천의 덕목과 은혜들 그리고 사랑으로부터 절제에 이르기까지는 성령의 열매들이다. 우리가 죄와 육체와 마귀에 대항하여 선한 싸움을 싸울 때, 우리의 준비된 충분한 자원도 바로 성령이시다. 만약 우리가 그리스도 자신처럼 영생한 생명에 대한 희망을 갖는다면, 그것은 죽은 자로부터 그리스도를 살리신 분의 영을 소유한 것에 근거한 그 희망이다.

성령은 영혼 없이(soul-less), 기계적인 방법으로 역사하는 어떤 수

동적이고 비인격적인 권능이 아니다. 성령은 궁극적으로 그리스도의 형상을 이루기 위하여 역사하는 활동적이고 인격적이고 목적 지향적인 권능인데 그 이유는 성령은 '그리스도의 영'이거나 '그의 아들의 영'이기 때문이다.

성령의 역사를 설명하기 위하여 사용된 동사들이 얼마나 인격적인가를 고려하라. 성령은 '인도하시고' '증거하시고' '강하게 하시고' '거룩하게 하신다'. 사람의 마음속에 내주하시면서, 그분은 하나님의 비밀을 '찾으시고' '드러내시고' '하나님의 뜻을 따라' 우리를 위하여 '중보하신다.'

우리는 마치 우리의 친구에게 그렇게 하듯이 성령을 '슬프게 하고' 또 성령의 불길을 '소멸시킬 수' 있지만, 우리의 마음을 성령께 고정하고 성령께 의지하며 살고 성령으로 불타오르게 될 때, 우리는 율법으로부터 자유하게 되고 승리하는 삶의 비밀과 영생의 보증(arrabon)을 갖게 될 것이다.

그처럼 부요하고, 깊고, 넓은 것이 성령에 대한 바울의 개념이다. 19세기를 흘러내려와 오늘을 사는 그리스도인의 현실을 돌아보게 할 뿐만 아니라, 비지상적인 쾌활함(buoyancy)으로 그렇게 채워진 바울의 기록들을 읽을 때에, 웬일인지 워즈워드의 관용구에 나오는 세상에서 나온 영광은 지나가 버렸다라는 것을 우리가 자주 느끼지 못했던가?

사도적인 기록들을 통하여 박동치며 형언할 수 없는 부요함과 능력에 대한 의식이 진지하고 격조 있다고 자부하는 우리 크리스천 사회에서는 증거가 얼마나 미약한가!

영적 온도는 어떤 면에서 떨어졌다. 고도의 시가 평범한 산문이 되었다. 만약에 바울이 오늘날 우리 가운데 온다면 그가 성령으로서 그와 같은 일이 있었다는 것을 결코 들어보지도 못했다는 에베소에 있는 제자들의 후예가 되지 않도록 우리를 성령의 능력 가운데로 이끌었을 것이라고 우리는 느낀다. 이것은 때때로 우리의 최상이 그것에 종속되는 영혼의 분위기다. 그러나 물론 우리는 잘못을 저지른다. 하나님은 그의 은사에 있어서 후퇴시키지 않으시고 오순절의 은사도 철수시키지 않으신다. 1세기에 안디옥, 에베소서, 고린도, 로마에서 수놓았던 동일한 성령과 어디서든지 영혼에서 영혼으로 신성한 불처럼 번졌던 복음은 지금도 우리가 사는 오늘의 세계에서도 역사하고 있다.

> 세월은 미끄러지듯 빨리 가고 있으나
> 그러나 우리는 아직 그 안에 머물고 있네
> 우리와 함께하시는 그 거룩한 성령은
> 우리를 겸손하고 용기 있게 하시네

그 분위기가 우리를 이끌고 갈 때, 우리는 우리 주님께서 니고데모에게 하나님의 영의 바람이 불어오되 그것이 어디서 불어오는지에 관하여 한 말을 기억할 필요가 있다. 우리는 성령을 명령할 수 없다. 성령의 조수가 있고 우리는 왜 하나님이 메마른 한 조각의 땅처럼 되어 다른 곳으로 떠나야 할 것 같은 세대 또는 세상의 특정한 지역에 능력으로 범람하게 하시는지 말할 수 없다.

그러나 두 번째로, 바울이 알았던 하나님의 능력이 우리의 세계에서 사라져 버렸다고 생각되도록 유혹받을 때, 그것은 우리의 비전이 너무 협소하고 갇혀 있기 때문이고, 또 우리 시대에 하나님께서 사람을 다루시는 넓고 충분한 견해를 우리가 취하지 않기 때문이다. 우리는 이 시대의 "위대한 새 사실"을 기억하는 데 실패한다. 다시 말하면 지난 세기와 그 반세기 동안에 견줄 수 없는 선교의 확장에서 결과를 얻은 전 세계의 교회처럼 어떤 존재, 우리 시대의 위대한 새 사실을 기억하는 데 실패했다는 말이다.

우리는 이제 지구의 1/4에 해당하는 기독교 증거의 강력한 찬양을 드리고 있다는 것을 기억하는 데 실패한다. 그리고 1918년 이래 더 많은 사람들이 기독교회에 대한 모든 핍박에 있어서보다도 그들의 생명의 피로 그들의 믿음을 증거하는데 도장을 찍어왔다는 것을 기억하는 데 실패한다.

우리는 기독교회의 불일치의 치욕을 의식하는 것이 점증하고 있다는 것을 기억하는 데 실패하고 있다. 그리고 그리스도 안에서 한 세계 공동체를 위한 기독교인들 가운데의 강력한 욕구가 있다는 것을 기억하는 데 실패하고 있다. 그것에 관하여 남 인도의 실험과 에큐메니칼 운동은 행복한 첫열매들이다. 예를 들면, 지난 30년 동안의 신학적 부흥에서 입증된 것처럼 우리는 오늘날의 기독교 사상의 놀라운 창의력을 잘 기억하지 못한다.

이 모든 것은 - 그리고 얼마나 더 - 사도 바울 시대 못지않게 우리 시대에도 성령께서 강력하게 역사하고 있다는 증거다.

그럼에도 불구하고, 오늘날 많은 그리스도인들 가운데 성령에 관한 바울의 가르침은 하나의 큰 모호함을 견지하고 심지어는 실재하지 않는 것으로까지 간주한다. 이들 중에는 아버지로서 하나님도 믿고 아들로서 예수님도 믿지만, 성령의 실재와 권능에 관한 어떠한 강력한 확신도 갖지 못하고 있다. 이러한 성령의 실존에 대한 믿음의 실패는 우리가 큰 기독교의 축제를 관찰하는 데 종종 반영된다. 우리가 성탄절과 부활절에는 많은 것을 투입하여 요란하지만 성령 강림절은 그에 비해 매우 약소하게 치른다. 1백 년 전에 마우리스(F.D. Maurice)는 그의 애인(fiancee)에게 다음과 같이 썼다.

"나는 이번 성령 강림절에 당신과 함께 있고자 한다. 그러나 우리는 먼 거리에서라도 성령 강림절의 무한한 축복을 서로가 원하는 것으로 만족해야만 한다. 내가 성령님에 관하여 생각하면 할수록 나에게는 더욱 위대하게 보여지는 분이다. 종종 성령님은 내 모든 삶의 뿌리인 것처럼 여겨진다. 내가 기대하는 것은 보다 깊게 되는 것이고 그러면 16세기의 그것을 찾고 있는 우리 시대의 개혁은 성령의 현존과 능력으로 돌아갈 것이다라고 나는 생각하지 않을 수 없다."[66]

우리 가운데 얼마나 성령에 관하여 그 방법 곧 바울의 방법을 생각하고 있는가? 성령의 현존과 능력을 믿는 데 대한 우리의 실패야말로 참된 종교의 개혁과 부흥, 그것을 위하여 우리가 마우리스의 동경에 못지 않게 고대하는 열망이 왜 그렇게도 오래 지연되는가의 이유를 제공하는 단서가 되지 않을까?

나는 근대 기독교가 의식적으로 비니타르주의자(Binitarian)라고 말하는 것이 아니다. 성령에 대한 태도는 믿음의 의심할 바 없는 요목이다라고하는 정통주의 진영 가운데서도 아직, 성령의 역사하는 영역을 슬프게도 제한하고 있다. 우리는 성령을 특별하게 구별된 것들을 조명하시는 분으로 생각한다. 바울이 그랬던 것처럼 우리는 성령을 그리스도인 전체의 삶을 가능하게 하시는 분으로 생각한다. 성령은 마음과 이성을 조명할 뿐만 아니라, 최상의 논리적인 영역에서부터 무의식적인 영역에까지 그리고 인간의 영혼 속에 잠재된 모든 에너지들을 동력화하는 분이라는 것이다.

이것에 대한 한 가지 이유는 이성적인 세대에 사는 우리는 버틀러 감독이 웨슬리를 의심했던 것처럼 성령의 예외적인 역사하심이 있는 체하는 사람을 의심하는 것이다. 많은 정통주의 진영에서 "성령으로 불타오

---

66) Quoted by Alec Vidler in Christian Belief, p.55.

르게 되는 것은 종교적 열광주의와 교통하는 것이거나, 교회 중심적인 기독교를 벗어나서 그 주변을 맴도는 분파주의 그룹의 탈선과 일맥 상통하는 것이다"라고 단순히 추정한다. 또 다른 이유는 거짓 과학에 영향을 받은 철학에 의하여 어리벙벙해진 것이다. 우리는 독일 사람들이 위로부터 수직으로(senkrecht von oben)[67]라고 말하는 것처럼, 위로부터 임하는 어떤 능력의 침투에도 영향받지 않는 '폐쇄된 체계'가 되는 본성을 정상적인 것으로 생각한다.

그리고 세 번째는 의심할 여지없이 바로 순전히 인간의 죄로 가득 찬 자기 신뢰인데 바울의 말을 빌리면 이것은 인간이 육신에 결박된 상태이다. 그 상태는 하나님의 강한 성령으로 하여금 우리 인간 안에서 그분의 통치권을 행사하지 못하게 가로막는 인간의 죄 된 상태다. 바로 그러한 태도는 사상과 행위 둘 다에 영향을 미치고 있다. 부룬너가 성령을 "신학자들의 의붓자식"(the Theologian's stepchild)이라고 말했던 것처럼, 성령을 진지하게 취급하지 않는 신학자들의 기독교 사상은 묘지의 균열처럼 드러나고 그 균열은 곧바로 행동의 균열을 가져온다.

이미 고인이 된 휠러 로빈슨(Wheeler Robinson)[68]은 1913년 중병을 앓고 있던 중에 자기가 다른 사람들에게 선포했던 복음적 기독교의 진리가 왜 정작 자신이 필요할 때는 그 적용에서 실패했는지를 스스로에게 묻도록 어떻게 인도받았는지를 말했다. 그에게서의 기독교 진리는 마치 단 한 사람이 그것으로부터 내려온 로프를 잡을 힘을 가졌다면, 거대하게 끌어올리는 힘을 지닌 큰 애드벌룬과 같이 보였다. 간단히 말하면 그의 개인적인 종교는 활력이 약했다. 무엇이 부족했는지를 찾으면

---

67) 그래서 데이비드 흄(David Hume)도 "위로부터 임한 성령과 영감의 추정된 가설"에 관하여 비꼬아 말했다.
68) *The Christian Experience of the Holy Spirit*, p.4.

서 그는 신약의 성령의 개념을 무시했음을 발견했다. 이러한 발견은 그의 신앙을 소생시켰고 그를 여러 면에서 도우셨던 성령에 관한 책을 저술하게끔 만들었다. 로빈슨의 경험은 유익한 경고를 포함하고 있는데 더욱이 종교에 직업적으로 관계하고 있는 우리들을 위하여 그렇다.

구별된 것들과 우리의 아주 친밀함은 영적 반응의 위축을 가져온다. 로제티의 시(Rossetti's poem)에서 힐라리(Hilary) 신부처럼 우리는 종종 직업적 책임의 수준에서 우리가 들여마셔야 할 하나님의 생기의 바람이 불고 있는 교회 지붕의 꼭대기까지 올라갈 필요가 있다.

하나님의 생기는 보증을 받아야 할 사람의 가장 내면에서 경험되는 사건이다.

성령에 관한 바울의 위대한 장들로의 중단 없는 회귀는 잃어버린 비밀에 관한 어떤 것을 회복하게끔 우리를 도울 것이다. 왜냐하면 일관성 있게 그 주제에 마음을 두는 것은 지금까지의 신선한 경험을 위한 길을 여는 것이기 까닭이다. 사도적이 아닌 것은 무엇이든지 안전하지 않다고 이야기되어 왔다. 만약 이것이 사실이라면 권위 있는 능력의 원천으로의 귀환은 후대의 기독교를 위한 가장 정당한 요구가 될지 모른다. 죠지 폭스(George Fox)가 한번은 "만약 우리가 성경을 기록한 성령을 잃어 버렸다면 그 성경이 우리에게 어떤 유익을 줄 것인가?"고 질문했다.

왜 우리는 성령이신 하나님이 사람들의 삶 속에서 역동적으로 아직도 일하실 수 있다는 것, 인간성의 가장 깊은 내면에까지 내려가서 꿰뚫는다는 것, 기독교인의 삶의 목적을 위하여 그들에게 능력을 부어 준다는 신앙을 회복하지 못하는가? 우리는 언제나 복음은 단지 하나님의 메시지뿐만이 아니라 구원받은 사람들을 위한 하나님의 권능이라는 것과 바울이 그것을 하나님의 성령이라고 부르는 능력은 시대의 흐름 속에서도 약화되지 않았고 아직도 그것을 받을 사람들을 위한 여지가 있으며, 교회의 참된 사역은 사람의 어떤 능력이나 힘에 의해서가 아니라 다만 사도신경(the Creed)에서 말하고 있는 '생명의 수여자, 주'(the Lord, the Life-giver)라는 것을 사도 바울에게서 배울 것인가?

2. 새로운 삶의 원리

새 삶의 능력에서 우리는 이제 그것의 원리를 고려할 차례다. 사도 바울에게 있어서, '진리는 언제나 선함이 되기 위한 진리였다.' 선한 삶을 그는 어떻게 이해했는가? 그것에 관한 그의 이론은 무엇인가? 그것의 동기와 표준은 무엇인가? 그리고 그것들이 우리를 위한 타당한 것과는 얼마나 거리가 먼가? 이론적으로 출발하자. 부룬너가 "기독교 윤리는 하나님의 행위에 의하여 그것이 결정된 것으로 인간 행위의 과학이다"라고 말했다.[69] 바울은 기독교 윤리를 그 방법에다가 두지 않았고 정의 문제를 가지고 다투려 하지도 않았다. 기독교인의 삶의 방식은 복음에 의하여 성장한다. 좀더 섬세히 말하면 복음에 의하여 결정된다. 하나는 뿌리이고 하나는 열매이다. 하나의 선한 사람을 만드는 것은 선한 행위에 의해서가 아니다. 선한 사람 즉 그리스도 안에서 하나님의 구원하시는 행위에 의하여 변화받은 사람은 선한 행위를 하기 때문이다.

웨이넬(Weinel)[70]은 "장미는 이유를 묻지 않고 바울의 윤리에 관하여 말하고 있다." "장미는 꽃이 피기 때문에 꽃을 피운다. 이처럼 기독교인의 도덕도 그렇다는 것인데, 그 도덕은 모든 법적인 것을 극복한다"라고 말한다.

이것은 우리의 두 번째 요점인데 기독교인의 선은 법적인 것이 아니

---

69) *The Devine Imperative*, p.86.
70) *St.Paul, the Man and his Work*, p.135.

다. 그것은 '법적' 선이 아니고, '은혜'의 선이다. 유대 인들은 하나님과 친교를 즐기기 위하여 그들 스스로 먼저 선한 사람이 되어야 했다. 그들은 율법을 지킴으로써 이것을 행할 수 있다고 생각했다. 바울은 그 방법으로는 선을 행할 수 없다는 것을 발견했다. 바울은 유대 인들이 선한 사람이 됨에 대한 어떤 희망을 가졌다는 것은 단지 하나님과의 친교에 의해서만이었다는 것을 발견했다. 이 친교는 하나님께서 그리스도 예수 안에서 유대 인들에게 허락하신 것이었다. 그래서 인간의 책무가 하나님이 자기들을 용납하게 하려고 자기를 선하게 만들려는 것이 아니라 다만 선하게 되게 하기 위하여 하나님과 함께 용납함을 즐기는 것을 보려고 그는 왔다. 이 모든 것은 옛 청교도의 신학적 고전에서 간결한 표현을 발견한다.

"이러한 모세의 율법과 그리스도의 법, 두 개의 법을 행하라 말함에 있어서 동의한다. 그러나 거기에는 이런 차이가 있다. 그 하나는 말하기를, 이것을 행하라. 그러면 살리라. 그리고 다른 하나는 살아라. 그리고 이것을 행하라. 그 하나는 말하기를 생명을 위하여 이것을 행하라. 다른 것은 말하기를 생명으로부터 이것을 행하라"[71]

그러나 우리는 바울이 그리스도인의 삶은 장미가 의미하고 있는 것에 관한 베이넬의 메타포처럼 그렇게 단순하고 자발적인 일이 아니라는 것을 아주 잘 알았다는 것을 추가해야만 한다. 그리고 그 증거는 로마서 6장의 명령 안에 있다. 차라리 바울은 선한 삶을 은사와 과제 둘 다로 보았다. 한 사람이 자신과 바른 관계에 있고 성령으로 능력을 받은 상태를 유지케 하면서 하나님은 새로운 사람이 마땅히 감당해야 하는 그러한

---

71) *The Marrow of Morden Divinity.*

삶을 살도록 그에게 요구한다.

하나님의 은혜로 말미암아 그가 현재 잠재적으로 존재하고 있는 바는 그가 장차 되어야 하는 바이다.

만약 하나님이 그의 구원을 위하여 그 안에서 역사하신다면, 그는 또한 그 자신을 위하여 그것을 실행하도록 소환된 것이다.

1세기든 20세기든 간에 이 모든 것은 복음적 윤리의 핵심이다. 율법은 사람들에게 선한 삶을 가르칠 수 있지만, 그 율법이 결코 삶을 선하게 만들 수는 없다. 율법이 할 수 없는 것은 육체 안에 죄의 능력을 깨트리는 것이다. 또한, 우리가 말했던 것처럼, 우리의 상속된 인종적 본성의 끌어당기는 타락성 말이다. 무엇이 필요한가 하면 우리 안에 생명의 새 원리를 이식하는 것이다. 그것은 옛 성품을 극복하게 될 것이고 '그리스도를 따라 새롭게 지으심을 받은 새 사람'을 산출할 것이다. 그리고 기독교의 선이란 도덕적 사상과 행위에서 그것에 대한 자연적 필요 불가결한 겹치지 않는 것이어야 한다. '그녀는 선을 기계적으로 행한다'라고 하는 탄복할 만한 이웃이 있는 한 선한 기독교 여인에 관하여 이야기 된다. 그리하여 복음은 그것의 아름다운 도덕의 열매를 산출해야 마땅하다. 믿음은 사랑 속에서 흘러나와야 하고, 맑은 샘물에서 흘러나온 물처럼 선도 변화된 사람에게서 흘러나와야 한다.

이것이 그 문제에 대한 영적 이론이다. 그러나 우리는 타락한 세상에서 살고 있기에 사도 바울은 지금까지 너무 지나친 이상주의자이기에 비록 그들의 새 주인되신 그리스도와의 교제를 통하여 그 죄가 깨어지긴 했지만, 그는 아주 오류에 빠지기 쉬운 사람들, 그들 안에 있는 죄를 다루고 있다는 것은 사람들 속에 있는 죄의 권세가 죽은 것이 결코 아니라는 것을 잊지 않는다. 그는 역시 만약, 우리 중의 대부분이 그 선한 생명의 삶을 살고자 한다면 앞으로 우리를 도울 단순하고 분명한 표지판들이 필요하다는 것을 이해했다. 그러므로 그의 편지 안에 있는 교리문답적인 '파레네세시스'(paraenesis)[72]에 주목한다는 것은 흥미로운 일이다(보라. 갈 5:13-6:10; 골 3:1-4:6; 살전 4:1-12; 5:12-22). 아직 성숙하지 못하고, 기독교인의 길에 아직 확고하게 설정되지 않은, 기독교 윤리의 온전한 수준에까지 아직 이르지 않은 어린 회심자들을 위하여 단순히 요구되는 것은 "이것들을 행하라"(Do this es)다. 이 섹션의 도덕성은 최근에 많이 연구되었고, 우리는 지금 헬라적 유대교 안에서 통용되는 최상의 윤리적 가르침을 대표하는 그리고 단지 바울에 의해서뿐만 아니라 단지 모든 사도적 선교사들에 의해서도 요청된 최소 도덕성의 일부분을 형성했다는 기독교인 이전의 뿌리에 줄기를 둔 많은 교훈들을 안다. 나쁜 옛 삶을 말끔히 청산케 하는 교훈 그리고 그 교훈은 깨끗한 새 삶을 시작한다. 정직, 순결, 신실, 맑은 정신을 가진 삶과 어려운 일에 대한 교훈이다.

남 보기 흉하지 않은 가정 생활을 위한 규범 즉, 시민권을 존중하는 법정 출두 명령과 함께 소외자들에 대한 신중한 행동에 관한 충고 그리고 모든 법적인 세금의 지불, 이러한 것들이 새 삶의 교훈에 대한 요강이었다. 오히려 흥분되지 않고 단조한 도덕적 계획을 우리는 아마 생각할 것인데 즉, 우리는 아직 그것을 경멸하지 말아야 하거나 혹은 도덕성의 옛 지계석이 무너지고 가정 생활이 경시되고 있고, 성적 방종이 무르익고 있는 요즈음 시대에는 그것을 부적합한 것으로 여기지 말아야 한다.

명목상의 기독교 국가에서 초심자에게 그들의 이방 이웃들을 자극하지 말도록 말하는 것은 불필요한 것이 될지 모르나 그것은 그들이 기초적 도덕법을 지키도록 요구받고 있는 이미 교회 공동체에 연합한 이들에게는 아직도 말해야 할 필요가 있다. 만약 바울이 데살로니가교회에

---

[72] "간곡한 권고의 대시 부호를 가진 도덕적 교훈"

게 열심히 일하고 정직하도록 명령할 필요가 있었거나 로마교회에게 세금을 지불하고 존경하는 마음으로 시민 관계 당국자들을 활용하도록 명령할 필요가 있음을 알았다면, 그의 부드러운 면을 인정해야 하고 그를 따라야 한다. 우리는 아직도 현재의 전망에서 판단하려고 하나 온전한 기독교 윤리의 딱딱한 고기를 먹게 하기 전에 기초 도덕의 우유로 먹여야 하는 많은 "그리스도 안에서 아기들"을 오래도록 가지려는 경향이 있다.

바울이 말한 선한 삶에 대한 이론에서 구체적인 삶의 방식을 이야기해 보면 이것은 두 단어로 요약된다. 첫째는 카타 크리스톤(cata Christon)인데 이 말은 '그리스도를 따라'〈(according to Christ) 골 2:8; 고후 11:17 등)이다. 이것을 좁게 해석하면, "그리스도의 명령과 모범을 따라"를 의미할 것이다. 그러나 이것은 그리스도에 대한 새로운 전체 사실에서 온 충격과 그것의 법칙에서 뽑아온 모든 행위를 설명하려고 우리는 논리적으로 그것을 취할 것이다.

그래서 그것은 기독교 행위의 동기와 모든 독특한 원칙을 의미할 것이다. 가장 일반적인 형식으로는 '그리스도의 복음에 합당한 예절 가운데 있는 행동'이라고 표현될 수 있다.

우리는 이것을 신분이 높으면 의무 또한 무겁다(noblesse oblige)의 동기라고 부를 것이다. 이것은 분명히 아래의 문장들로 나타난다."너의 삶의 태도를 복음에 합당하게 하라"(빌 1:27). 또는" 나는 너희가 부름에 합당한 삶으로 행하기를 원한다"(엡 4:1). 영적 지위는 우리에게 도덕적 의무를 부가한다. 하나님의 위대한 부름심을 받은 대로 '사는 것은' 그리스도 안에서 하나님의 은혜와 자비의 수혜자인 우리에게는 마땅한 일이다.

우리는 그와 같은 또 다른 원리를 다음과 같이 바꾸어 말할 수 있다.

"그리스도 몸의 구성원으로서 행하라." 우리는 이것을 코이노니아 (koinonia) 동기라고 부르자. 바울은 "너는 그리스도의 몸의 참된 구성원이기 때문에 그것에 따라 너의 기독교인의 행위를 확정해야만 한다. 어떤 그리스도인도 자기가 목적이 아님을 기억하라. 그는 항상 자기를 향해 다음의 질문을 해야 한다. 나의 행동이 그리스도의 몸을 세우는가 파괴하는가?"라고 효과적으로 말한다. 이것이 '우상에게 제사한 고기'에 관하여 걱정했던 고린도교인들에게와 종교적 바탕 위에서 채식주의자들의 옳고 그름을 토론했던 로마교인들에게 바울이 명령한 행위의 원칙이다. 그러나 오늘날 기독교인의 교제를 난처하게 하는 다양한 문제에 대해서 보다 광범위한 적용을 위한 하나의 가능한 원칙이다.

세 번째이자 중요한 기독교인 행위에 대한 바울의 규정은 그가 갈라디아 인에게 준 것이다. "그리스도의 법을 성취하라"(갈 6:2). 이것은 그리스도 의 법(Lex Christi)의 원칙이다. 그러나 그것이 무엇을 의미하는가? 복음주의 그리스도인은 복음이 율법과 함께 무엇을 해야 하느냐라는 것을 요구하면서 '법'이라는 말에 움츠려 드는 경향이 있다. 그럼에도 불구하고 다드[73]가 최근에 보여 준 대로 바울이 여기에서 율법이란 말을 사용한 것은 우연이 아니다. 바울과 그의 개종자들은 유대 인들이 토라를 간주했던 것과 동일한 방식으로 그들이 선한 삶에 대한 권위 있는 규범과 형식으로 여겼던 그리스도의 윤리적 가르침의 전통을 소유했다. 그가 고린도전서 7장과 9장에 나오는 주의 명령을 어떻게 인용했는지를 메모하라. 기독교인은 구원의 수단으로서 율법과 함께 되어질지 모르지만, 바울의 관점에서 그는 엔 노모스 크리스투(en nomos Christou) 즉 "그리스도의 율법하에"이다(고전 9:21). 말하자면, 그리스도의 가르침 속에서 그에게 주신 '생명에 대한 계획'에 의하여 그의

---

[73] *Studia Paulina*에 있는 "*Ennomos Christou*"란 그의 에세이를 보라

행동을 형성하는 의무 아래라는 말이다. 바울은 로마서 12-14장에서 복음에 대한 윤리적 적용을 하기에 앞서 예수에 대한 그 많은 말씀들로 권면의 천을 짜고 있다.

그러나 '그리스도의 법을 성취하는 것'은 바울이 윤리적으로 뿐만 아니라 신학적으로 해석한 한 원리이다. 여러 차례, 그리스도와 바울의 방식은 친밀한 그의 개종자들에게 명령할 때, 예수는 인간 역사에서 오지 않았던 그리스도다. 곧 초자연적 도덕 교사였다 그러나 하늘에서 온 그래서 그의 마음속에 있는 하나님의 신성한 아들이었다. 그가 고린도교인들에게 관대할 것을 요구했는가? 그러면서 그는 '부요했지만 우리를 위하여 가난하게 되셨던 분'이신 주님에 관하여 그들로 하여금 기억나게 한다. 그 레퍼런스는 성육신에서 선명하게 나타난다. 그가 빌립보교인들에게 겸손하게 되라고 요구하는가? 그러면서 바울은 비록 본래 그는 하나님이셨지만 종이 됨으로 그의 영광을 내려놓으신 분을 그들이 보도록 가리킨다. 그와 같은 것이 사도 바울에게서는 그리스도인의 행위의 어떤 원칙이다. 세 달이 지나갔지만, 그것들 중의 어느 것이라도 유행에 뒤지지 않는다.

하나 더 언급할 것이 있는데 그것은 아가페(*agape*)다. 번역하기가 어렵기로 유명한 아가페란 이 단어는 영어에서 가장 적합한 단어다. 바울에게 있어서는 복음 안에 있는 선(gospel goodness)이 바로 핵심인데 그 이유는 그리스도의 희생에서 나타난 하나님 사랑에 대한 우리 인간의 응답이기 때문이다. 말하기를 기독교 윤리는 사랑 이야기의 결과인데 사랑 이야기 그 속에서 주인공은 인간이 아니라 하나님이시다. 그러므로 바울은 지치지 않는 주장으로 아가페를 호소한다. "사랑 때문에 나는 너에게 호소한다"가 오네시모를 위한 빌레몬에 대한 간청이다.

'만약 거기에 사랑의 어떤 자극이 있다면', 하면서 바울은 빌립보교인들에게 도전한다. 바울은 에베소교인들에게는 "사랑 가운데 터가 박히고 굳게 서라."한다. 그는 또 고린도교인들에게는 "사랑은 가장 위대하고 가장 오래 지속될 것이라."고 말한다. "사랑은 결코 실패하지 아니한다." 여기에는 시간은 터치할 수도 진부하게 만들 수도 없다는 것과, 우리에게 정당한 만큼 바울의 개종자들에게도 정당한 생명의 한 법에는 무언가가 있다는 것이다.

복잡한 현대 사회에서, 사랑을 적용한다는 것은 그리 쉽지 않을 것이다. 니버(Niebuhr)[74]는 "사랑은 항상 합당하지만 결코 단순한 가능성이 아니다"라고 했다. 그러나 사랑은 기독교인 행동 방식에 있어서 최상의 표준이 된다. "이것이 되면 모든 것이 된다."

---

74) *Christian Faith and Social Action*, p.12.

V. 영광의 소망

"초월적인 세계의 참된 어떤 것을 가진 그에게는, 나약해질 필요가 결코 없다." 화이프(Fife)란 노동자가 로버트 루이스 스티븐슨에게 말했다. 그들은 인생의 목표와 종말에 관해서 함께 이야기를 나누고 있었다. 사도 바울도 여기에 동의했었을 것이다. 바울은 오직 "초월적인 어떤 것"(something aynot)을 분명치 않고 정의되지 않은 채로 결코 놔두지 않았을 것이다. 왜냐하면 바울은, 미래의 소망으로서의 구원은 특정한 무언가를 즉, 매우 분명한 그 어떤 것들을 의미한다고 생각했기 때문이다. 그것은 기독교의 매우 민감한 부분이었다. 그리고 그것 없이는 사람은 또한 "내일 우리는 죽을 것이니 먹고 마시자"는 에베소 인들의 철학에 동의할 것이다.

이 소망이 무엇인가는, 데살로니가전서 4장, 고린도전서 15장, 고린도후서 5장과 로마서 8장과 같은 그의 서신의 각 장을 연구함으로 찾아낼 수 있을 것이다. 그 주요 단어들은 부활, 파루시아(*Parousia*), 심판, 영광, 그리고 그것은 다음과 같은 문장들로 요약될 수 있다.

"이제 그리스도는 죽은 자들로부터 살아나셔서 잠자는 자들의 첫열매가 되셨다."

"우리 나라는 하늘에 있다. 그리고 그것으로부터 우리는 구원자, 주 예수 그리스도를 기다린다. 그는 우리 낮은 몸을 그의 영광스러운 몸으로 바꿀 것이다."
 "우리는 모두 그리스도의 심판 보좌 앞에 서야만 한다."
 "나는 현재의 고통이 장차 우리에게 나타날 영광과는 비교될 가치도 없다고 판단한다."

 이와 같은 문장들이 현대인의 귀에는 이상하게 들린다는 것은 아무도 부인하지 못할 것이다. 시간상으로 보면 종말론적으로 마음의 준비가 돼 있는 우리의 선조들이 그런 주제들을 교리화했을 때 그리고 때로는 마치 하나님의 모든 비밀이 그들에게 계시된 것처럼 말했을 때였다. 이 모든 것들은 바뀌었다. 인간은 이제 그들의 무지를, 그리고 때로는 그들에 대한 의심을 고백한다. 그래서 현대 회의론의 까다로움은 '종말론'이라는 말이 대부분의 사람들에게 있어서는 "죽음 뒤에 내가 다시 살 것인가?"라는 질문을 의미한다고 보는 다수의 믿음에 깊이 잠식되어 있다. 그래서 "왜 나는 개인의 불멸을 믿는가?"와 같은 제목의 수많은 책들이 있지만, 종말에 대한 신약의 가르침을 신실하게 반영한 것은 매우 적다. 바울의 시각에서 인간 드라마의 영원한 배경은 비교할 수 없이 어찌 그리 장엄한지! 그는 우주적으로 생각했다. 개인에 관해서만이 아니다. 그는 단순히 영생만을 믿은 것이 아니라, 인간 역사의 종말을 믿었다. 영광 중에 오실 그리스도의 재림, 부활, 최후의 심판을 말이다.
 바울이 말하는 소망의 범위가 우리를 당혹스럽게 한다면, 소망에 대한 사고 범위를 작게 갖지 말라. 발전과 진화의 관점에서 생각하도록 교육받은 현대인들에게는, '열 역학의 제2법칙'에 관해서는 아무것도 말하지 않는다는 것은, 사람과 우주의 궁극적 운명에 대한 성 바울의 계시의 그림들이 생소하고 언어 도단이 된다. 내가 우주를 말했는가? 20세기를 사는 사람들이 이해하는 우주론과 바울이 말한 우주론이 얼마나 다른가! 성경 기자들에 의해 받아들여진 삼층 천의 우주 개념은 영원히 붕괴되었다. "별들로 무늬를 박아 넣은 하늘의 층계는" 프로이드(Froude)가 표현해 놓은 것처럼, "무한대 공간의 끝없는 나락 속으로 빠져들어 갔다. 그리고 그 기초에서부터 고정되지 않은 견고한 이 지구 자체는, 이제 존재하는 것으로 보여지지만 우주의 엄청난 광대함 속에서 하나의 미소한 분자로 말이다."[75] 이 모든 것들은 인류의 궁극적 운명에 대한 사람들의 생각에 영향을 미쳐 왔으며 성경으로부터 비롯된 종말에 대한 전통적 사고도 바꾸어 놓았다. 현대인이 자기 자신과 세계의 미래에 대한 숱한 문제들을 해결하기 위한 안내자로 어떻게 바울을 기대할 수 있는가?

보수적인 사람들에게서는 그렇게 생각하는 경향이 있었을지라도, '믿음의 가정'에서는 종말론에 있어서 이러한 사태에 의해서 영향받지 않았다. '지옥에 대한 두려움'은 더 이상 가련한 사람을 순서대로 목에 줄을 매기 위한 교수형 집행인의 채찍이 아니다.

그리고 그것은 진실로 평신도들 사이에서의 갤럽 조사와, 또는 심지어 신학대학에서 이루어진 조사에서, "재림에 대하여 당신은 무엇을 믿는가?"에 대한 질문은 충격적인 실험이었다.[76] 아마도 기독교 신학의 어느 분야에서도 종말론에서처럼 우리와 초기 그리스도인들 사이의 간격이 그렇게 벌어지게 된 곳도 없을 것이다.

한편 우리는 이 세대에서 성서 신학의 괄목할 만한 부흥을 증언했다. 그것은 우리로 하여금 많은 주요 교리들을 다시 생각하게끔 했다. 기독교 신학자들은, 그들이 그리스 관점의 시간과 영원에 의해 알고 있던 것보다 더 깊이 영향을 받아서, 이러한 것들의 성경적 개념을 다시 연구하

---

75) *History of England*
76) John Robinson, *In the End-God*, p.9.

기 시작하고 있다. 그리고 그것은 기독교 종말론의 모든 주제에 대한 새로운 접근을 위해 시간이 무르익었다는 것이 점점 더 분명해지고 있다. 첫번째는, 지난 몇십 년간 슈바이처에서 쿨만에 이르기까지 학자들이 우리를 가르칠 때에 신약의 복음은 급진적으로 종말론적이라는 것이고 두 번째 포인트는, 종말론적 소망을 잃어버린 기독교는 그들 앞에는 더 이상의 미래가 없다는 것이고. 세 번째는, 우리 시대의 역사는 만약에 종교가 이와 같은 소망을 인간에 공급하지 않는다면, 그들은 매우 빨리 그것을 세속적으로 대신할 무엇을 고안해 낼 것이라고 증언한다. 우리는 천 년 간 지속할 히틀러 제국의 꿈을 생각한다. 새롭고 더욱 큰 로마 제국에 대한 무솔리니의 비전과, 자본주의와 공산주의 사이의 최후의 대결 뒤에 이루어질 막시즘의 계급 없는 사회를 생각한다.

사도 바울이 만일 오늘 우리 가운데 있다면, 그는 종말론에서의 이런 사태를, 성경의 하나님에 대한 믿음에서 이탈하는 반란을 일으킨 현대인의 탓으로 돌릴 것임을 나는 의심치 않는다. 성경의 하나님은 역사의 최고 주권자인 주님이다. 하나님은 '태초에'도 계셨고, 지금 이 시간도 정확하게 자기의 위대한 목적을 이루고 계시며, 그의 사역을 다 이루시기 위해 '종말에'도 여전히 계실 분이다. 바울은 유대 인과 그리스도인으로서, 그와 같은 하나님을 믿었다. 시간 진행에 대한 그와 같은 관점을 가지고, 시대의 고통에 대한 그와 같은 종말을 기대했다. 그에게는 '겉만 번지르한 역사의 소요'는 중대한 문제였다. 그것은 하나님의 구원하시는 행위의 현장이었다. 그의 페리페테이아〈전회점, 극적인 드라마에서의 국면의 반전(peripeteia)〉가 그리스도의 재림과 함께 도래하는 드라마는 분명히 그리고 착실하게 하나님이 정하신 종말을 향하여 움직이고 있었다.

그러므로 그것은 또한 우리를 위한 것임에 틀림없다. 교회가 히브리적 유산을 버리고 시간과는 크게 무관한 헬라적 세계관을 받아들일 준비가 되지 않으면, 우리 또한 바울이 그런 것처럼 세계와 역사 그리고 하나님을 보아야만 한다.

이것은 우리가 그리스도인으로서 종말에 대한 바울의 가르침의 모든 세부 사항들을 문자적으로 받아들이는 데 헌신한다는 것을 의미하는가? 아니다. 우리가 종말에 관한 것들을 신화와 상징의 형태를 띠는 것으로 취급한다면 묵시문학은 신화화된 종말론일 것이다. 종말에 관한 바울의 묵시적 진술들은 "미래에 관한 무오한 예언도 경건한 짐작"도 아니라는 것[77]을 인식해야만 한다.

바울이 살아 계신 그리스도를 만나면서 발견한 하나님에 대한 분명한 지식이 '내세에 대한 열쇠로 전환' 된 것을 우리는 타당하게 본다. 우리의 직무는 바울의 신화나 상징에서 구체화된 기본 진리를 발견하는 것이다. 성령의 증거로 마음에 확신되게 된 것 — 그리고 오늘날의 용어로 번역하는 것이다. 예를 들면 우리 중 많은 사람들은 바울이 데살로니가서 서신[78]에서 그린 파루시아의 그림을 받아들이기가 어려움을 발견할 수도 있다. 그러나 만일 우리가 신약으로 신앙을 지켜야만 한다면, 우리는 재림의 상징이 보여 주는 진리를 거부할 수 없다.

이러한 서문과 함께, 이제 사도 바울의 기독교 소망에서 토론을 위해 주요 요소 중 서너 개를 선택할 수 있다.

---

77) John Robinson, *In the End-God*, p.35.
78) "유대교 종말론의 천연 그대로의 색채로부터 그려진 색깔"(C.H. Dodd, New Testament Studies,121)

1. 종말의 시작- D-DAY는 지나갔다

주목해야 할 첫번째 포인트는 바울에게는 종말이 이미 시작됐다(the End had begun)는 것이다. 이것은 오늘날 우리가 '실현된 종말론' (realized eschatology)으로 이해하는 것이다. 비록 드물게 사용했음에도 불구하고, 그가 '왕국'(kingdom)이란 표현을 처음 썼지만 바울은 나머지 사도 기자들과 그리스도의 삶, 죽음과 부활에서, 하나님의 이스라엘을 향한 옛 약속인 성령의 부으심이 이루어졌다는 것과 하나님의 통치가 결정적으로 나타났고, 그리고 장차 올 새 질서의 능력들이 작용하기 시작했다는 확신을 나누었다. 그리스도는 '마지막' 대적인 죽음을 상대하여 승리했다. 그의 부활로 말미암아 '능력으로' 하나님의 아들로 선포되었다. 그리고 그의 모든 백성은 그의 승리 안에서 누리고 나눌 수 있게 된다.

쿨만(Cullmann)은 "전쟁은 끝났고, 전쟁은 이겼다"는 사도적 확신을 표현하기 위해 D-Day의 유추법을 사용했다. 캠페인은 지루하게 계속되는 승리의 날 즉, 최후 승리의 날이 여전히 보이지 않음에도 불구하고, D-Day는 끝났고, 악의 세력은 전혀 회복할 수 없는 타격을 받았다는 것이 우리의 확신이다. 그리스도는 십자가에서 그들을 이겼다. 이제, 죽은 자 가운데 일어나셔서, 더 이상 죽지 않으시는 그는 하나님의 능력으로 영원히 살아 계시기 때문이다.

이러한 기록이 오늘날 우리 예배에서 충분히 선포되지 못한다고 생각한다. 일 년에 한 번 선포해야 하기에 부활절 아침에 그것을 듣는다. 그러나 매 주일이 부활절 축제가 되어야 하듯, 모든 기독교 회중이 부활의 공동체가 되어야 한다는 것을 우리는 아는가? 그보다는 오히려 일 년 중 나머지 기간을 다음과 같은 주제로 찬송하려는 경향이 있지 않은가?

나라가 임하소서, 오 하나님
당신의 통치를 시작하소서, 오 그리스도여.

이런 정서는, 악이 여전히 세상에 남아 있다는 슬픈 인식에서 나온 것으로, 우리는 주목할 수 있고 심지어 그와 같은 분위기에 공감할 수 있다. 그러나 그리스도인들이 "흑암의 왕국에서 그의 사랑하는 아들의 나라로 옮겨졌다"는 권위 있는 신약의 확신을 재생산하는 데는 실패한다. 우리는 다음과 같은 세상에 살고 있다는 것을 증언하는 데 실패한다. 모든 세상의 죄와 슬픔을 위해, 그리스도께서 지상의 넓은 묘지에 한 빈 무덤을 남겨 두었고, 그의 승리는 북해의 제방에 갈라진 틈과 같다. 즉 거의 중요하지 않게 보이는 사건이지만 그 결과는 헤아릴 수 없는 것이다 – "갈라진 틈을 통해 곧 터져버릴 거친 바다가 제방 너머에 있다 – 바울은 부활하신 분을 만났을 때 그가 잠자는 자들의 첫열매라는 것을 알았다."[79]

그러나 거기엔 이보다 더한 것이 있다. 바울과 그의 동료 사도들은 그리스도가 부활한 것뿐만 아니라 그가 현재 다스리고 계심을 확신했다. 두 단어가 초대 기독교 신앙 고백을 종합한다. 첫 단어는 퀴리오스(Kyrios) 예수 즉, '예수는 주님이시다'라는 말이다. 그리고 최초의 그리스도인들이 그 말을 할 때는, 그들이 단지 예수께 영예로운 호칭만 드린 것이 아니라 전심을 다해 예수께서 지금 하나님의 백성과 하나님의 세계를 다스리고 계심을 확신하고 있었다. 만일 세상이 그 모든 악과 함께 여전히 간다면, 만약 그리스도의 세계가 숨겨진 왕권을 가지고 있다면, 언젠가 그 베일이 벗겨질 것이다.

두 번째 포인트는 그리스도가 통치하신다!(*Christus regnat!*)는 것이다.[80] 이것은 바울과 사도적 기독교가 중요시하는 강조점이다. 우리

---

79) Karl Heim (quoted by J.S. Stewart in *A Faith to Proclaim*, p.134).

가 이 사실을 잊으려는 경향이 있을 때면, 교회는 가장 큰 시련의 시기마다 그 단어를 그들의 입술에서 떼어 놓지 않았다. 우리 조상들은 자신들을 위협하는 모든 이들의 면전에서 '구속주의 왕권'을 선포하는 것을 주저하지 않았다. 예전에 그리고 지난 전쟁의 시기에 핍박당한 유럽의 그리스도인들은, 후프트(Visser' t Hooft)[81]가 말한 대로, 그리스도의 왕 되심에 대한 회복된 신앙으로 일어났다. 그것은 우리 신조의 한 조항이다. 우리는 그것을 다시 확인하기 위해 영원히 구해야 한다. 우리는 부활하신 그리스도뿐 아니라 통치하시는 그리스도를 믿어야 한다.

2. 그리스도의 날에 대한 소망

그러나 신약 전체에서 말하는 복음과 마찬가지로, 바울의 복음은 실현된 종말론과 미래 종말론 양자의 구조로 되어 있다. D-Day는 V-Day의 다만 서곡인데 최후 승리를 말하는 V-Day는 그리스도의 날, 파루시아, 그리스도 안에서 하나님의 최후 승리의 날이라고 말하기도 한다. 왜냐하면 바울의 소망은 만약 그 범위에 있어서 우주적이지 않으면 아무

---

80) 「랍과 그의 친구들」의 저자이신 존 부라운 박사는 어떻게 그가 그의 존경하는 아버지 에딘버러의 부러욱톤 궁정에 계셨던 부라운 박사의 "왜 이방인은 분노하는가?"라는 시편 제2편에 관한 설교를 들었는지에 관하여 말한다. 그의 안경을 치워두고 그의 원고들을 옆으로 밀어버리고는 브라운 박사는 청중을 향하여 외쳤다. "예수는 지금 어디에 계시는가? 그리고 지금 성직자들과 통치자들은 어디에 있는가? 예수는 승천하셔서 우주의 보좌에 앉으시고 영원히 통치하신다. 그들이 하늘과 지옥 어디에 있는지 나는 모른다. 그러나 그들이 어디 있게 될지라도, 현재 있을지라도, 영원히 있게 될지라도 주님의 발 아래 또는 발 곁에 있게 될 것이라는 것만은 안다." Letters of Dr. John Brown, p.86.

81) *The Kingship of Christ.*

것도 아니기 때문이다. 여기에 바울과 현대 신학 사이의 분명한 차이점이 있다. 개인이 죽음에서 낙원으로 옮겨갈 수 있는 수단들을 보호하는 그리스도의 구원 사역을 우리는 생각하는 반면, 바울은 우주적 성취와 영광중에 오실 그리스도의 재림을 기다렸다. 에릭 러스트(Eric Rust)[82] 박사는 신약의 D-Day와 V-Day 사이의 관계를 잘 묘사했다.

"역사의 종말을 의미하는 헬라 어의 에스카톤(eschaton)은 예수 그리스도 안에서 이미 왔고 시간은 이미 영원으로 채워졌다. 그러나 이 에스카톤의 숨겨진 것은 숨겨짐의 이 기간이 완전한 영광이 비치게 될 때 최후의 성취로 끝나야만 한다는 것을 암시한다. 그러면서 그 세대들(aeons)이 겹치게 되고, 도래할 세대(aeon)의 권능이 역사적 시간 속에서 작용하고 있을 때, 현 역사의 기간 동안에 일어나고 있는 것은 종합되고 분명해질 것이다. 그 다음에 이미 인간들에게 차례로 일어나게 될 심판과 그들의 삶 속에 이미 효과적인 그 구원은 완전히 성취된 영원한 질서로 모아지게 되고 역사는 더 이상 존재하지 않을 것이다. 그 다음에 그의 영광이 믿음으로만 알려진 그리스도는 그의 천상의 광채 안에 서 있을 것이다. 그리고 역사의 안개는 묶여지지 않고 속박되지 않은 하나님의 영원으로 들림받을 것이다."

모두가 아는 것처럼, 사도 바울과 초기 그리스도인들 중 많은 이들은 그리스도의 재림 또는 매우 가까운 것으로 그리스도의 '왕적 도래'를 믿었다. 데살로니가에 보낸 그의 두 서신처럼 그 급박함에 대한 믿음이 그의 후기 서신에서는 그다지 중요하게 보이지 않음에도 불구하고 말이다. 그 사건은 그러한 재림 기대가 실수였음을 증명했다. 그런 의미에서 파루시아는 아직 일어나지 않았다. 그러나 이것을 반영하면서 베드로후서를 기록한 사람은 시간 측정이 이 사건에 적용하기 힘들다는 현명한

---

82) Theology Today, Oct., 1953, p.349.

제안을 한다. "주께는 하루가 천년 같고, 천년이 하루 같다."고 그는 말했다. 더욱이, '인자의 날'에 대한 우리 주님의 어떤 말씀들은 초기 그리스도인들이 인자의 오심은 우리가 인식하는 시간 밖의 일이기에, 사실 일자를 모르기에,[83] 어떤 날짜를 정하는 건 잘못된 것이라고 제안한다. 이것은 재림의 상징에 관심을 가질 필요는 있으나 우리에게 중요하지 않다는 것을 의미하는가?

이것은 매우 경솔하고 잘못된 결과에 이를 것이다. 라인홀드 니버는 쓰기를 '그리스도 재림의 상징'은 문자적으로 취할 수도 없고 중요하지 않은 것으로 무시해 버릴 수도 없다."라고 했다. 왜 그런가? 문자적으로 취해 보라. 다시 말해서 그것을 연속적인 시간표에 두어보라. 그러면 당신은 역사 속에서 한 미세한 점 속에 역사를 다스리시는 이 하나님을 궁극적 변호를 하게 된다. 그것은 하나님의 왕국의 성취가 무엇을 의미하는가이다. 그 반대로 그것을 중요하지 않은 것으로 다루라. 그러면 당신은 역사의 과정을 성취하는 것이 아니라 무효로 하는 단순히 영원의 관점을 갖게 될 것이다.

만일 우리가 심각하게 재림에 대한 신약의 상징을 취해야 한다면, 우리는 그것에 대해 세 가지를 제시해야 할 것이다.

첫 번째, 재림의 교리는 그리스도의 아버지인 역사의 주 하나님이 그의 구원 사역을 완성하실 것이라는 기독교 신앙의 확신을 표현한다. 레슬리 뉴비긴(Lessile Newbigin)[84]은 말한다. "진정한 종말에 대한 신앙 없는 종말론에 대한 믿음은 하나님에 대한 신앙 없는 종교에 대한 믿음과 같다." 여기서 우리는 최후의 심판 개념을 고려해 볼 수 있다. 이 교리가 바울에게 얼마나 근본적인가와 그가 얼마나 그것에 대한 경외를

---

83) See. C.H. Dodd, *The Coming of Christ*, 7.
84) *The Reunion of the Church*, p.74.

그의 양심이 예민하게 하기 위해 그의 마음에 자리잡게 했는지를 알지 못하고는 아무도 그의 서신들을 읽을 수 없다. 오늘날 또한 우리는 그 개념이 서 있는 진리를 버릴 수 없다. 즉, 인간과 그의 행위가 마지막에 하나님을 대면할 때, 선과 악의 차이는 '구별이 없는 영원'에 삼키운 바 될 수 없다. 우리 선조들처럼 우리는 역사의 연대기적 종말에 거대한 규모에서 합법적 진행에 대한 생각을 해서는 안 될 것이다. 우리는 심판이 지금 그리고 항상 진행됨을 안다. 그러나 이 개념이 우리 마음에 아무리 이해되기 어렵더라도, 의로운 하나님 안에서 우리가 가지는 믿음과 그리고 세상과 역사에 대해 가지는 윤리관이 우리로 하여금 세상의 도덕적 통치자로서 자신을 최종적으로 입증해야만 한다고 믿도록 강요한다. 하나님은 자신의 완벽한 판단을 가지고 인간 스스로가 행한 선악에 따라 그들에게 각각 상 주신다.

두 번째 그리스도의 오심을 단순히 역사에서의 하나의 사건이 아닌 오랜 경주로서 종착점에 이르러서 만나는 지점(C.H. Dodd의 문구에서)으로 생각해야 하는데 그것은 무(無)가 아니라 그리스도 안에서 하나님과의 만남이다. 그리하여 인간에게 가치 있는 것으로 받아들여지는 모든 것과 함께 우리의 시간 즉, 인간 역사는 하나님의 영원 속으로 끌려 올려질 것이다.

그리고 세 번째로, 재림의 본질에 대한 우리의 실마리는 그리스도의 초림이다. 하나님은 이미 모든 사람이 그와 함께 역사의 마지막에 우리가 함께 일할 그 분이 어떤 사람인가를 알도록 한 사람 속에서 자신을 드러 내셨다. 역사의 두루마리가 감아 올려지면, 그리스도가 그의 초림에 보였던 것에 대해 반대되는 것은 전혀 없을 것이다. 우리가 그리스도 안에서 이미 알고 있는 거룩, 진리, 그리고 동일한 사랑의 사람을 우리는 만날 것이다. 그리고 우리가 '그리스도 심판의 보좌 앞에 나타나야만 한다면', 우리는 십자가의 죽으심의 은총이 모든 것을 덮을 것이라고 믿을 수 있을 것이다.

3. 은혜의 해

D-Day는 지나갔으나 V-Day는 장차 와야 한다. 그리고 새 시대의 막을 여신 하나님께서 언젠가는 영광중에 그것을 완성하시리라는 믿음으로 그리스도인들은 그들의 삶을 산다. 그것이 바울이 본 견해다. 그러나 그들이 자주 불렀던 것으로 '은혜의 해' 란 역사의 중간과 그 마지막의 어느 시간을 말하는가? 바울은 이 중간기를 선과 악의 세력들 사이의 격전 중 단순히 한 기간으로 보았는가? 아니면, 그가 이러한 은혜의 해를 어떤 긍정적 패턴과 목적을 성취하려고 하나님에 의해 정해진 은혜의 해로 보았는가?

이것은 우리에게 대단히 중요한 질문이다. 특별히 요즈음은 세속적 소망, 이른바 불가피하고 자동적인 진보에 대한 신앙은 최근 세계 대전들의 과정에 의해 슬프게도 산산히 부서져 왔다. 한 세기 전에, 그리고 심지어는 더 최근에는, 진보에 대한 믿음이 크리스천 성공의 절정에 있을 때, 시대정신과 조화되어, 다음과 같이 열정적으로 노래하는 버릇이 있었다.

> 태양이 있는 곳이면 어디나 예수가 다스리신다.
> 그의 성공적인 여행은 계속된다.

최근에는 그리스도의 발 등상 아래 있는 세상의 소망이 그리 밝게 타오르지는 않는다. 그리고 적지 않은 그리스도인들이 그들의 소망을 완전히 하늘나라로 바꾸면서, 아이작 와츠(Isaac Watts)의 낙천주의를 버렸다. 여기에 대해 바울은 우리를 위해 어떤 안내를 제공할 수 있는가? 우리가 "때가 가까왔다."라고 하는 그의 관점을 단순히 요약만 한다면 우리는 그를 잘못 이해하는 것이다. 왜냐하면 바울은 그리스도의 날이 멀리 있다고 보지 않았기 때문이다. 우리는 또한 그가 은혜의 해는 목적을 가지고 있고 그것의 성취를 위해 충분히 지속될 것이라고 믿었다는 것을 너무 쉽게 잊는다. 그 목적은 세계의 복음화였다. 은혜의 해를 이방인들뿐 아니라 그의 믿지 않는 동족들(롬 11:28-32)의 회심에서 절정에 이르게 될 기독교 선교를 위한 시간으로 그는 본다. 하나님의 목적이 "그리스도 안에서 모든 것을 통일되게 하는 것"(엡 1:10)이라고 믿으면서, 그는 그리스도를 모든 적대 세력들이 굴복할 때까지 그의 주권을 행사하는 분으로 이해한다(고전 15:25).

바울은 분명히 역사에서 그리스도의 주장에 대한 현대 비관주의와 사상을 공유하지 않는다. 오히려, 그는 모든 지역에 하나님의 지식을 널리 퍼뜨리는 "그리스도 안에서의 승리의 진보"를 내다본다(고후 2:14). 왕의 깃발들이 나타난다(*Vexilla Regis prodeunt*). 그리고 바울은 종말 이전에 더 멀리 그들이 훨씬 더 큰 발전을 이루기를 기대한다.

우리는 이것으로부터 무엇을 배울 수 있는가? 분명히 신약에서 홀로 서 있지 않았던 사도 바울은 세상 역사의 미래에 대해 패배주의적 관점을 가진 그리스도인들을 지지하지 않는다. 은혜의 해 동안에 복음을 모든 피조물에 전하고, 그리스도가 살아 계셔서 은혜중에 다스리시며 그의 다스리심을 종말이 이르기 전 더 넓게 퍼뜨리는 것을 믿도록 하나님이 주신 정당한 시간으로 간주할 사도적 이유를 우리는 가지고 있다. 인간의 문명은 저지시킬 수 없는 완전을 향해 행진하고 있다는 19세기 확신에 대하여 만약 신약이 어떤 경고도 주지 않는다면, 다음에 나오는 스코틀랜드 사람들의 또 다른 표현인 시온의 언덕으로부터 비치는 광선은 모든 대지를 밝힐 것이요, 라고 하는 말에 우리로 하여금 희망을 갖도록 격려하는 것이다.

그리고 세상이 지속되는 동안, 하나님은 인간 사회가 그리스도의 마음을 점점 더 따르게끔 할 것이라고 설득 하면서 우리의 선교사 직무가 어디로 향해야 할지를 말해 준다. 이것이 존 베일리(John Baillie) 학장의 책, 「진보에 대한 믿음」(The Belief in Progress)이 무엇인가를 알려 주는 기독교 낙관주의이다. 전통 기독교에서 볼 때 이것은 너무 적게 표명된 낙관주의이지만, 우리가 지금 다시 부름을 받고 있다. "우리는 회복되야 한다"고 그는 말한다.[85] "새 역사 세대의 입구에 선다는 감각을, 우리 앞에 열려 있는 고상한 전망의 감각을, 성령의 능력의 감각을 그리고 지금 우리에게 유용한 무진장의 자원이 있다는 감각을, 인간 소생에 대한 모험적 열심을, 그리고 신약에 가득 차 있는 궁극적 승리에 대한 확신을 회복해야 한다."

4. 기독교 소망의 핵심

니버[86]는 말한다. "기독교인들이 하늘의 가구나 지옥의 온도에 대한 어떠한 지식을 주장하는 것은 현명하지 못합니다. 또는 그 속에서 역사가 완성된 하나님 나라의 어떤 세부 사항에 대해서 너무나 확신 있는 것도 그러합니다." 우리는 이 경고에 주의할 수 있다. 그 정의를 인지하면서, 그러나 반면에 사도 바울이 기독교인 소망의 핵심에 대해 무언가 우리에게 가르칠 수 있다는 것을 믿으면서 말이다.

---

85) Op.cit., p.220.
86) Op.cit., p.304.

먼저 단순한 두 가지 포인트를 거론하자.

먼저, "하나님 홀로 영원하시다"에 있어, 사도 바울에게 영생은 모든 신약의 기자들과 마찬가지로 그리스도 안에서 하나님이 주신 선물이다. 말하자면, 우리는 우리 자신의 권리로 영생의 존재가 된 것이 아니다. 사도 요한이 말한 대로, "아들을 소유한 자는 영생을 소유한다", 따라서 바울은 영생에 대한 우리 소망이 "우리 안의 그리스도, 영광의 소망"과 함께 그리스도에게 속함으로 연결된다는 것을 견지한다. 데니[87]는 말한다. "오직 한 생명만이 죽음을 이기고 승리했다. 오직 한 생명만이 그것을 이길 수 있다. 곧 그 안에 있었던(was), 그 안에 있는(is) 생명이 말이다. 믿음이 그와 함께 하나로 만드는 모든 이들과 그는 이것을 공유한다. 하나님에게서 온 생명으로 살면서 죽음을 이미 정복한 그리스도의 진정한 멤버가 되는 것이 우리의 소망이다."

두 번째는 이것이다. 플라톤(Plato)의 소망은 영혼의 불멸에 있었지만 바울의 소망은 육체의 부활에 있다. 바울이 고린도전서 15장에서 설명한 명백하게 우리 현재의 육체의 형태와 피는 해체되도록 운명되어진 '영적 몸' 말이다. 바울이 소마(soma)라는 용어를 사용할 적에 그 말의 뜻은 '몸'이란 말로, 그것의 가장 가까운 영어 단어는 '인격'(personality)이다. 그것은 육체에서 분리된 영혼이 아니라 인간의 통전적 존재를 말한다. 바울은 우리가 장차 살 것이라고 가르치곤 하지만, 이 '몸'이 '구조'(frame)는 원하는 데로 부를 수 있으나 장차 올 세계에서 놀랍게 변할 것이다.

중요한 것은 육체적 죽음의 순간이 아니라 한 인간이 '그리스도 안에' 들어오는 시간(time)인데 여기서부터 모든 것이 따라온다. 그리스도를 전혀 모르거나 거부한 사람들의 운명에 대해 바울이 많이 말한 것

---

87) *The Way Everlasting*, p.188.

을 찾을 수 없다. 그러나 로마서 11장의 '더 큰 소망'에도 불구하고 — "하나님은 모든 사람을 불순종에 내어주어 그들 모두를 긍휼히 여기신다." — 사도는 우리의 현대적 입장에서 "우주론자"는 아니었다고 나는 분명히 확신한다. 따라서 장래의 삶은 새로운 삶이 아니라 오히려 "그리스도 안에" 있는 사람이 이미 가지고 있는 오직 새롭고 상상할 수 없는 영광스런 상태 아래에서 살았던 삶일 것이다.

"하나님이 자기를 사랑하는 자들을 위하여 예비하신 모든 것은 눈으로 보지 못하고 귀로도 듣지 못하고 사람의 마음으로도 생각지 못하였다"(고전 2:9).

"그리스도 안에서"의 관계는 "그리스도와 함께" 있는 자리를 주었을 것이다. 그리고 우리 "낮은 몸들은" 그의 "영광스러운 몸"과 같이 될 것이다.

이와 같이, 바울은 영광중에 있는 성도들에 관한 언급에 대해 두 가지를 우리에게 가르칠 수 있다. 그것은 즉시로 집단적이고 그리스도를 닮는 것이다. 이 제안이 얼마나 풍성한가는 로마서 8장 29절이다. "하나님이 미리 아신 자들로 또한 그 아들의 형상을 본받게 하기 위하여 미리 정하셨으니 이는 그로 많은 형제 중에서 맏아들이 되게 하려 하심이니라." 바울은 장차 있을 삶을 가족의 삶으로 생각한다 — 하나님과의 교제의 삶과 그리스도의 몸 안에서 상호간의 교제의 삶이다. 그것은 이 생에 부분적으로 거하고 저 세상에 부분적으로 거한다.

한 가족으로 우리는 그 안에 산다
한 교회 위에, 아래에.

기독교 소망의 완성은 교제 안에 주님과 함께 영원히 사는 구원받은 사람들의 큰 사회이다. 더 이상 육체로 인해 방해받지 않고, 더 이상 죄의 공격에 노출되지 않고, 더 이상 죽음의 비참함에 머무르지 않는다. "이 썩어질 것은 썩지 않을 것을 입을 것이기 때문이다." 그리고 눈으로 보지 못하고, 귀로 듣지 못하고, 마음으로 생각지 못했던 지극한 행복 안에서 주와 함께 그리스도의 사람들은 '집에' 있을 것이다. 그리고는 더 이상 "희미하게 거울로"가 아니라 "얼굴과 얼굴을 맞대고" 볼 것이다.

"그의 아들의 형상을 따르게 됨"은 - 이것, 윤리적, 영적으로, 기독교 운명이다. 시 에스 루이스[88]는 "모든 그리스도인들은 작은 그리스도가 되어야 한다. 그리스도인이 되는 모든 목적은 단순히 그것이다. 다른 것이 없다."라고 말한다. 인간은 천국의 많은 그림을 그려 왔다. 즉 끊임없는 관능적 행복, 모든 것, 해탈과 그와 같은 것으로의 몰입을 말이다. 바울은 빨리 본질적인 것을 잡는다. "우리는 그와 같을 것이다." 구원은, 완전히 그리고 최종적으로, 그리스도의 모습을 공유하는 것이다. 그는 하나님의 참 형상이기 때문이다.

그와 같은 소망으로 바울은 우리에게 마음을 들라고 명한다. 그와 같은 소망의 관점으로 그는 우리에게 싫증내지 말고 '주 안에서 힘쓰라'고 명한다. 이 소망은 우리를 실망시키지 않는다, 왜냐하면 성령을 통해, 그것은 우리 미래 유산의 '계약금' 이기 때문이다. 우리는 이미 우리 마음에 하나님의 사랑을 안다. 공산주의자는 '죽을 때 하늘에서의 파이(pie)'로 지나치게 걱정해서는 안 된다고 조롱한다. 그는 바울을 걱정시키지 못할 것이다. 바울에게는 하늘의 소망이 '아마도 거대한' 것이 아니라 '영광의 견고하고 중한' 것이다. 영적 유산 이 외의 어떤 인간의 아편도 우리를 도전해 우리의 부르심과 선택을 선명하게 할 수 없다. 소

---

88) *Beyond Personality*, p.28.

망은 매우 크고 너무나 신성하여 우리 안에 '불멸의 열망'을 낳는다. 그리고 인간 삶에 의미와 종말을 준다. 우리 시대의 사람들이 어둠과 절망 가운데 찾고 있는 그 종말이다. 그 어떤 것보다도 더 많이 그들에게 인생은 살 가치가 있다고 느끼게끔 만든다. 그리스도는 그 의미를 향한 하나님의 단서이다. 그리고 '가장 좋은 것은 아직 오지 않았다.'

5. 사도 바울과 예정에 대하여 주목하자

선택과 예정은 지금은 그리 유행하지 않는, 같은 기원을 가진 바울의 교리이다. 오늘날 보통 사람은, 그가 하나님을 믿는다면, 일반적으로 하나님이 인간과 열방들을 향한 영원한 계획을 가지고 있는지에 대해 의심한다. 칼빈주의는 선택을 제안한다. 웨스트민스터 신앙 고백과 그가 생각한 대로는, 현재 하나님 주권의 교리들이다. 그것은 정당하게 의심받는다. 그가 스코틀랜드 사람이라면, 그는 18세기 칼빈주의의 선택 개념의 긍휼 없는 고발로 이루어진 "거룩한 윌리(Willie)의 기도"를 읽었을 것이다. 그리고 그는 모호한 의심을 가지고 있는데 이것은 '잔인한 신학'이 한 사람은 천국으로, 열 명은 지옥으로 보내는 그 하나님과 함께 모두 그의 영광을 위해, 칼빈과 어거스틴을 지나 사도 바울에게까지 이어진다. 여기에 어떤 진리가 있는가?

사도 바울은 가장 확실하게 선택과 예정을 믿었다. 그의 서신에 있는 두 짧은 구절들은 이것을 명쾌하고 분명히 했다.

"곧 창세 전에 그리스도 안에서 우리를 택하사 우리로 사랑 안에서 그 앞에 거룩하고 흠이 없게 하시려고 그 기쁘신 뜻대로 우리를 예정하사 예수 그리스도로 말미암아 자기의 아들들이 되게 하셨으니"(엡 1:4-5).

"하나님이 미리 아신 자들로 또한 그 아들의 형상을 본받게 하기 위하여 미리 정하셨으니 이는 그로 많은 형제 중에서 맏아들이 되게 하려 하심이니라 또 미리 정하신 그들을 또한 부르시고 부르신 그들을 또한 의롭다 하시고 의롭다 하신 그들을 또한 영화롭게 하셨느니라"(롬 8:29-30).

이 말씀들을 기록한 사람은 하나님을 그저 모든 것들의 최고 권위의 처리자로서만 아니라 영원으로부터 어떤 사람들을 구원하기 위해 영광으로 그들을 예정하셨다고 믿었다. 이것은 불합리하고 이상한 신앙인가? 기본적으로, 우리는 그저 우연히 존재하는 것이 아니라는 것은 확신인가? — 우리 삶은 그 뿌리를 영원에 둔다. 그리고 우리 구원(우리가 그러한 것을 인지한다면)은 영원한 하나님 안에서 시작한다(예술 작업이 먼저 예술가의 생각에서 시작되듯이). 그리고 그리스도 안에서, 신성하게 보내진 구원자는 실제가 되는가?

그러나 바울이 이보다 더 멀리 가지 않는가? 실제로, 그는 로마서 9장 17절, 21절에서 그리한다. 그 구절은 사도 바울을 사랑하는 모든 이들이 그가 쓰지 않았다고 바라야만 하는 부분이다. 여기서 그 앞에 있는 문제는 그리스도와 복음을 받아들이지 못하는 유대 인들의 실패이다. 당연히 그는 신성한 목적에서 자유 의지의 자리를 논의해야만 한다. 그의 논쟁은 하나님은 주권자이시기에, 그는 자신이 바라는 대로 할 수 있다. 심지어 그 자신의 선택한 사람과도 말이다. 불행하게도 그는 너무 지나치게 논쟁을 몰고 가서 이런 결론을 맺는다. "하나님은 그가 원하는 누구에게나 긍휼을 베푸신다." 이것이 진리라면, 하나님은 도덕에 관계없는 독재자에 가까울 것이다. 하디(Hardy)의 "불멸의 대통령"처럼 말이다. 그리고 아아 슬프도다 바울은 다음 구절들에서 진흙과 토기장이의 유추를 들어 문제들을 발전시키지 않는다. 트집잡는 이들을 침묵시키기 위해 말이다. 그러나 사도들에게는 공평하게, 우리는 그것을 더해야 한다. 만일 로마서 9장에서 바울이 하나님은 그의 백성을 "분노의 그릇"으로 만들 수 있다고 말한다면, 그는 계속해서 로마서 11장에서 이 동일한 분노의 그릇들은 마침내 구원받을 것이라고 계속해서 말한다!

진리는 바울의 선택 교리는 "은혜의 종교적 경험의 순수한 표현으로서 나타난다"는 것이다. 루돌프 오토(Rudolf Otto)의 말이다.[89]

"은혜의 대상인 사람은, 그 자신을 돌아볼 때, 그 자신의 행동이나 행위로 그 자신이 되었음을 점점 더 느낀다. 은혜는 자신의 의지나 능력 없이 그에게 왔다. 그것은 그를 잡았다. 그를 움직였고, 그를 이끌었다. 그 자신의 어떤 행위 이전에, 그것은 그를 찾고 선택하는 구원의 사랑을 본다. 그리고 그를 위한 영원한 은혜의 섭리를 깨닫는다."

이것은 바울의 경험이자 하나님의 은혜를 알아온 많은 이들의 경험이다. 선택에 있어 은혜의 신적 주도로 스트레스는 완전히 해소된다. 그러나 바울은 또한 인간 응답의 중요성에 큰 비중을 두지 않는가? 물론 그러하다. 잠깐 로마서 9장, 11장으로 돌아가, 우리는 만약 9장에서 그가 하나님이 유대 인들을 거부했다고 말하는 것이라면, 10장에서 그는 그들은 진정 자신의 불신으로 그 자신들을 거부했다고 주장하는 것이다. 이 모든 것에서 오래된 문제인 신적 주권과 인간 자유 의지의 관계와 격투하고 있다. 우리는 전지(全知)하지 못하기에, 그 문제는 궁극적으로 선한 하나님에 의해 만들어진 세상에 악이 존재하는 것처럼 신비한 것이다. 그러나 우리가 이 신비를 약간이나마 이해함에 있어, 우리의 최선의 지혜는 확신 즉, 우리 구원이 영원한 하나님의 뜻에 근거를 둔다는

---

89) *Das Heilige*(Dodd's translation), p.109.

확신과 그와 같은 구원이 그리스도 안에서 그에게 부여된 하나님의 은혜에 대한 사람 자신의 응답에 달렸다는 두 가지를 견지하는 것이다.

이제 예정을 더욱 가까이 살펴 보자. 바울이 정말 "이중의 예정"이라는 유해한 교리를 가르쳤는가? 즉, 영원으로부터 어떤 이는 구원받아야만 되도록, 그리고 어떤 이는 영원히 하나님께 버림받도록 하나님이 의도했다는 말인가?

그 대답은 간단히 '아니오'이다. 하나님께 버림받는 것은 선택 교리의 '어두운 면'이다. 그러나 그 어두운 면만을 바울은 주의해서 보지 않는다. 영원한 저주로 하나님에 의해 예정된 사람에 대해서 그는 한마디도 하지 않는다. 어떤 이들이 구원으로 영원히 선택되었다고 말하는 것은 논리적으로 다른 이들이 영원히 거부된다는 것을 포함한다는 것이 맞다. 논리적으로 그렇다. 그러나 바울은 여기서 훌륭하게 비논리적이다. 바울이 이야기하지 않은 것은 이것이다. 복음은 모든 이들에게 주어진다. 그러나 믿음의 결정을 하도록 그들을 도전한다. 모든 것이 그 결정에 달려 있다. 만일 바울이 그랬듯이 '멸망함'을 말하는 것이라면 그것은 결코 단순한 것일 수 없다. 그 가능성은 믿음을 환기시키기 위해서 언급된다. 그는 효과적으로 말한다. "당신이 멸망한다면, 그것은 당신 자신의 잘못입니다. 만일 당신이 구원의 믿음을 가지고 있다면, 그것은 하나님 은혜의 선물임을 아십시오." 사도에게 선택의 반대는 영원한 죽음에로의 예정이 아니다. 그것은 불신 — 스스로 빚진 것이다. 그리고 우리가 선택의 논리적 결론을 이끈다면, 칼빈주의자들이 의심의 여지없이 하듯, 우리는 하나님이 그리스도를 보내셔서 사람으로 멸망치 않고 영생을 얻게 하신 성경의 주권적 진리에 저촉된다. 하나님이 영원히 한 영혼이라도 저주에 예정하셨다면 여전히 하나님은 사랑이라고 아무도 생각할 수 없다.

바울이 말한 것 그리고 우리 또한 그렇게 말해야만 하는 것은 이것이다. 하나님이 죄인인 당신을 구원하고자 하신다면, 그것은 그의 순수한 은혜이다. 그분이 그렇게 원하신다. 그리스도 안에서 당신에게 말씀하신다. 만일 당신이 하나님의 제안을 거절한다면, 당신은 멸망의 위험한 곳으로 곤두박질하는 것이다.

바울 복음의 해석

2001년 2월 9일 초판 1쇄 발행
2007년 3월 30일 재판 2쇄 발행

지은이　A.M. Hunter
역　자　조 갑 진
펴낸이　임 만 호
펴낸곳　크리스챤서적

등 록　제10-22호(1979. 9. 13)
주 소　135-092 서울 강남구 삼성2동 38-13
전 화　02)544-3468~9
FAX　 02)511-3920
http://www.holybooks.co.kr
e-mail:holybooks@thrunet.com
ⓒ 크리스챤서적, 2007

Printed in Korea

ISBN 89-478-0133-X 03230
정 가 6.000원